收入不平等与健康

齐亚强 著

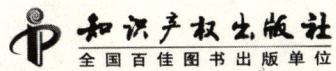
知识产权出版社
全国百佳图书出版单位

内容提要

本书主要是通过分析现有的经验数据，系统考察国际间收入不平等与人口健康的关系，并对上述理论假说进行实证检验。

责任编辑：赵 军

图书在版编目(CIP)数据

收入不平等与健康/齐亚强著. —北京：知识产权出版社,2012.5
 ISBN 978 – 7 – 5130 – 1333 – 8

Ⅰ.①收… Ⅱ.①齐… Ⅲ.①国民收入分配—不平衡—关系—健康—人口质量—研究—中国 Ⅳ.①F124②C924.24

中国版本图书馆 CIP 数据核字(2012)第 094201 号

收入不平等与健康
SHOURU BUPINGDENG YU JIANKANG

齐亚强 著

出版发行：	知识产权出版社			
社　　址：	北京市海淀区马甸南村1号	邮　编：	100088	
网　　址：	http://www.ipph.cn	邮　箱：	bjb@cnipr.com	
发行电话：	010 – 82000893 82000860 转 8101	传　真：	010 – 82000893	
责编电话：	010 – 82000860 转 8127	责编邮箱：	zhaojun@cnipr.com	
印　　刷：	知识产权出版社电子制印中心	经　销：	新华书店及相关销售网点	
开　　本：	787 mm×1092 mm　1/16	印　张：	10.5	
版　　次：	2012 年 7 月第 1 版	印　次：	2012 年 7 月第 1 次印刷	
字　　数：	154 千字	定　价：	36.00 元	

ISBN 978 – 7 – 5130 – 1333 – 8/F · 533(4210)

出版权专有　侵权必究

如有印装质量问题，本社负责调换。

目 录

第1章 引言 1
1.1 健康与社会：超越健康的社会分层视角 1
1.2 关于收入不平等与健康的理论争论 3
1.2.1 威尔金森假说 3
1.2.2 绝对收入假说 6
1.3 本书的内容概述 9

第2章 关于收入不平等与健康的国际研究：集合层面的数据 11
2.1 研究背景 11
2.2 既有集合层次研究文献述评 12
2.2.1 研究现状 12
2.2.2 收入不平等及其测量 15
2.2.3 现有文献中的其他主要问题与不足 18
2.3 数据与方法 20
2.3.1 全球收入不平等数据库 20
2.3.2 联合国人类发展报告 21
2.3.3 方法 22

2.4 主要研究发现 …………………………………………… 23
　　　　2.4.1 对收入不平等数据的调整 ……………………… 23
　　　　2.4.2 集合层面收入不平等与健康的关系 …………… 29
　　2.5 小结与讨论 ………………………………………………… 39

第3章　关于收入不平等与自评一般健康的多层分析 ………… 42
　　3.1 研究背景 …………………………………………………… 42
　　3.2 既有研究成果 ……………………………………………… 43
　　3.3 数据与方法 ………………………………………………… 49
　　　　3.3.1 数据来源 ………………………………………… 49
　　　　3.3.2 变量描述 ………………………………………… 50
　　　　3.3.3 方法 ……………………………………………… 57
　　3.4 主要研究发现 ……………………………………………… 58
　　　　3.4.1 自评一般健康的跨人群可比性 ………………… 58
　　　　3.4.2 收入不平等与自评一般健康的多层 Logit 模型 … 64
　　　　3.4.3 灵敏度分析1：奇异值的潜在影响检验 ………… 77
　　　　3.4.4 灵敏度分析2：欧洲社会调查样本的分析结果 … 86
　　　　3.4.5 灵敏度分析3：非线性效应及加权问题 ………… 95
　　3.5 小结与讨论 ………………………………………………… 96
　　　　附录3A 本章多层分析所包括的国家列表 …………… 98
　　　　附录3B 相对疾病计分方法简介 ……………………… 100

第4章　自评一般健康的效度和跨人群可比性 ………………… 103
　　4.1 研究背景 …………………………………………………… 103
　　4.2 既有研究评述 ……………………………………………… 104
　　4.3 数据与方法 ………………………………………………… 111

  4.3.1 数据 …… 111
  4.3.2 方法 …… 112
 4.4 主要分析结果 …… 117
  4.4.1 中国 …… 117
  4.4.2 印度尼西亚 …… 124
  4.4.3 墨西哥 …… 131
  4.4.4 小结 …… 137
 4.5 结论与讨论 …… 138

第5章 结语 …… 141
 5.1 本研究的主要发现 …… 141
 5.2 本研究的问题与不足 …… 143
  5.2.1 理论和方法上的问题 …… 143
  5.2.2 经验数据的问题 …… 145
 5.3 关于未来研究的展望 …… 147

参考文献 …… 149
后　记 …… 161

图表索引

图 1.1　关于绝对收入假说的图示 ……………………………………… 8
图 2.1　洛伦兹曲线的例子 ……………………………………………… 16
图 2.2　调整后的 WIID 基尼系数与联合国人类发展报告中的基尼系数的散点图 …………………………………………………………… 30
图 2.3　基尼系数与预期寿命的散点图（所有国家）………………… 31
图 2.4　按照发展中国家与发达国家划分的基尼系数与预期寿命的散点图 ………………………………………………………………… 32
图 2.5　人均 GDP 与预期寿命的散点图（所有国家）……………… 33
图 2.6　按照发展中国家和发达国家划分的人均 GDP 与预期寿命的散点图 ………………………………………………………………… 33
图 3.1　自评一般健康为"很好"的样本比例与人口预期寿命的散点图（所有国家）…………………………………………………… 59
图 3.2　自评一般健康为"很好"的样本比例与人口预期寿命的散点图（5 个非洲国家除外）………………………………………… 60
图 3.3　自评一般健康为"很好"的样本比例与人口预期寿命的散点图（欧洲社会调查国家）……………………………………… 60
图 3.4　自评一般健康为"很好/好"的样本比例与人口预期寿命的散点图（所有国家）………………………………………………… 61

图 3.5　自评一般健康为"很好/好"的样本比例与人口预期寿命的散点图
　　　　（5 个非洲国家除外）………………………………………… 61

图 3.6　自评一般健康为"很好/好"的样本比例与人口预期寿命的散点图
　　　　（欧洲社会调查国家）…………………………………………… 62

图 3.7　自评一般健康为"很好/好/一般"的样本比例与人口预期寿命的
　　　　散点图（所有国家）……………………………………………… 62

图 3.8　自评一般健康为"很好/好/一般"的样本比例与人口预期寿命的
　　　　散点图（5 个非洲国家除外）…………………………………… 63

图 3.9　自评一般健康为"很好/好/一般"的样本比例与人口预期寿命的
　　　　散点图（欧洲社会调查国家）…………………………………… 63

表 2.1　调整基尼系数所使用的变量的统计描述 ………………………… 25
表 2.2　调整基尼系数的模型拟合结果 …………………………………… 27
表 2.3　变量的定义与统计分布情况 ……………………………………… 34
表 2.4　关于预期寿命的 OLS 回归模型结果（回归系数）……………… 35
表 2.5　关于其他基于死亡率的健康指标的 OLS 回归模型结果 ………… 38
表 2.6　关于非死亡性的人口健康指标的 OLS 回归模型结果 …………… 38
表 3.1　在不同调查中西班牙和土耳其的自评一般健康的样本分布 …… 52
表 3.2　关于不同类别选项对自评一般健康影响的模型分析结果 ……… 54
表 3.3　多层 Logit 模型所使用的变量的统计描述情况 ………………… 64
表 3.4　自评一般健康为"很好"的多层 Logit 模型结果（所有国家）…… 68
表 3.5　自评一般健康为"很好/好"的多层 Logit 模型结果
　　　　（所有国家）………………………………………………………… 71
表 3.6　自评一般健康为"很好/好/一般"的多层 Logit 模型结果
　　　　（所有国家）………………………………………………………… 74
表 3.7　自评一般健康为"很好"的多层 Logit 模型结果
　　　　（5 个非洲国家除外）……………………………………………… 78

表 3.8　自评一般健康为"很好/好"的多层 Logit 模型结果
（5 个非洲国家除外） ·· 81

表 3.9　自评一般健康为"很好/好/一般"的多层 Logit 模型结果
（5 个非洲国家除外） ·· 84

表 3.10　自评一般健康为"很好"的多层 Logit 模型结果
（欧洲社会调查国家） ·· 87

表 3.11　自评一般健康为"很好/好"的多层 Logit 模型结果
（欧洲社会调查国家） ·· 90

表 3.12　自评一般健康为"很好/好/一般"的多层 Logit 模型结果
（欧洲社会调查国家） ·· 92

表 4.1　本研究所使用的健康指标及其具体定义 ························· 115

表 4.2　IMHC 中被访者两次回答自评一般健康问题的交叉列联表 ····· 118

表 4.3　IMHC 调查数据中相应变量的统计分布情况 ···················· 119

表 4.4　关于中国自评一般健康的 HOPIT 模型结果 ····················· 121

表 4.5　第三期 IFLS 中被访者自评一般健康与自评相对健康的
交叉列联表 ··· 124

表 4.6　第三期 IFLS 调查数据中相应变量的统计分布情况 ············· 125

表 4.7　关于印度尼西亚的自评一般健康和自评相对健康的
HOPIT 模型（回归系数） ·· 127

表 4.8　第一期 MxFLS 中被访者自评一般健康与自评相对健康的
交叉列联表 ··· 131

表 4.9　第一期 MxFLS 调查数据中相应变量的统计分布情况 ·········· 132

表 4.10　关于墨西哥被访者的自评一般健康和自评相对健康的
HOPIT 模型 ··· 134

第1章 引 言

1.1 健康与社会:超越健康的社会分层视角

健康既是人类社会发展的重要条件,也是其发展的主要目标。一方面,健康是人力资本的重要组成部分。在个体层面,健康是个人社会经济地位获得的基本保障;在社会层面,健康也是经济增长和社会进步的关键性要素。另一方面,健康状况本身影响着个人及家庭的生活质量,是个人和家庭幸福生活的重要组成部分。长期以来,健康问题备受社会科学研究者的重视,联合国也一直将健康、收入和教育作为衡量人类发展水平的三个维度,并以此为基础构建和发布其成员国的年度人类发展指数。在过去的几十年间,尤其是《布莱克报告》(*the Black Report*)发布以来,关于国际和国内的健康不平等问题备受关注。虽然健康问题极为复杂,不过得益于各个领域的学者们的卓绝工作,我们对健康的认识已经取得了相当的进展,一些影响健康的主要因素,包括生物、行为、心理、社会环境等开始被大家所熟知。

在关于健康的社会研究中,研究者发现,几乎所有社会都普遍存在关于健康的社会分层(the socioeconomic gradient of health)现象:处于较高社会经济地位的群体其平均健康状况要好于处于较低社会经济地位的群体(Feinstein 1993; Robert and House 2000)。事实上,不仅位于社会分层最顶端的人比处在社会最底层的人享有更好的健康状况,而且这种关于健康的社会层化现象是连续性的,即社会地位每下降一个层次,都会伴随着平均健康水平的持续恶化(Robert and House 2000；Marmot 2003)。尽管经验证据表明,这种健康与社会经济地位之间的关系具有普遍性和稳定性,但是,就如何解释这一健康的社会分层现象,学界却存在激烈的争论,而且还远远未达成一致认识。例如,不少学者指出,不同社会阶层之间健康状况的差异并不一定就是反映了社会经济地位对健康状况的影响；相反,一个人的健康水平同样会影响其社会经济地位的获得,例如健康状况可能通过其对受教育以及获取高薪工作机会的影响而作用于社会经济地位(Smith and Kington 1997；Smith 1998,2004；Mulatu and Schooler 2002；Marmot 2003)。另外,个人健康与社会经济地位的关系及其形成机制可能随着人的生命周期发生变化,与许多其他的行为、环境甚至遗传等因素相互交织在一起(Feinstein 1993；Robert and House 2000)。因此,关于健康与社会经济地位关系的研究在过去二三十年间迅速成长为社会科学研究中最为活跃的领域之一。

尽管在一个社会内部存在持续的关于健康的社会层化现象,相应的国际比较研究却发现,不同国家之间的健康不平等与各国的经济发展水平仅存在微弱的相关关系；而在发达国家内部,国民健康与经济发展水平之间根本不存在任何联系(Preston 1975；Wilkinson 1992,1996)。例如,普雷斯顿(Preston 1975)研究发现,经济发展因素(人均GDP的增长)对于20世纪全球范围的人口预期寿命迅速提高作用甚微,而经济以外的其他因素却解释了人口预期寿命变化的约75%~90%。另外,只有在欠发达国家,人均GDP才与国民预期寿命存在正相关,而在发达国家之间却不存在这种关系。

与国际研究中发现的经济发展与人口健康的弱相关关系相对应,许多研究通过分析国家层面的集合数据(aggregate data)发现,国民预期寿命与国家的收入不平等程度存在显著的负相关,即便在控制了经济发展水平后这一关系仍然存在(Rogers 1979；Flegg 1982；Wilkinson 1992,1996；Beckfield 2004；De Vogli et al. 2005)。具体地说,与收入分配相对均衡的社会相比,收入分配差距越悬殊的社会,其居民的平均预期寿命越低。尽管预期寿命是最常用的反映人口健康水平的指标之一,收入不平等与人口健康之间的负相关关系对于其他健康指标同样存在,如婴儿死亡率、年龄别和死因别、死亡率、平均死亡年龄、自评健康状况、人口平均身高以及自杀率等(相关文献综述,可参见 Lynch et al. 2004;Wilkinson and Pickett 2006)。此外,这种收入不平等与健康的负相关在一些国家国内的跨地区比较研究中也得以印证,如美国各州或各县的比较研究(Kaplan et al. 1996; Kennedy, Kawachi and Prothrow - Stith 1996; Kawachi and Kennedy 1997; Wolfson et al. 1999; Sanmartin et al. 2003)。

关于收入不平等与人口健康关系的经验研究和理论探讨迅速成为健康研究的焦点之一,吸引了大量经济学、社会学以及公共卫生和公共政策领域的学者们的关注。目前,有关这一问题的研究主要集中于对两种竞争性假说的争论:威尔金森假说(the Wilkinson hypothesis)和绝对收入假说(the absolute income hypothesis)。本书的主要出发点在于利用既有的经验数据深入分析收入不平等与人口健康的关系,在此基础上对这两种假说进行实证检验。接下来,本书将首先介绍这两种假说的主要内容,然后简要说明本研究的基本思路、研究设计以及本书的主要框架。

1.2 关于收入不平等与健康的理论争论

1.2.1 威尔金森假说

大量跨国或跨地区比较研究发现,收入不平等程度与人口健康指标之间存在负相关关系。不过,收入不平等与健康的这种关系反映的到底是真实的因果关系,即收入不平等状况真的会损害健康,还是一种统计假象(statistical artifact)却仍存在很大的争议。

威尔金森假说也称为收入不平等假说(income inequality hypothesis),这一假说最早由英国社会流行病学家理查德·威尔金森(Richard Wilkinson)提出,因而得名。威尔金森在一系列研究(Wilkinson 1992,1996,1997,2005,

2006)中指出,收入不平等主要通过其对社会心理的影响对个体健康产生有害的效应。这一观点也得到了不少其他学者的支持(Kawachi and Kennedy 1997, 1999; Marmot and Wilkinson 2001; Marmot 2003; Kristenson et al. 2004; Wilkinson and Pickett 2006)。

  威尔金森强调,对于已经完成疾病类型转变(epidemiologic transition)的社会来说,慢性疾病取代了传染性疾病成为最主要的死因。与传染性疾病主要受绝对物质生活条件(如卫生状况、饮食习惯、营养摄入等)的影响不同,许多慢性疾病更多地受相对收入或相对位置的影响。例如,在发达国家,许多在过去被称为"富贵病"的疾病,包括肥胖症、中风、高血压、冠心病等,现在反而在社会底层群体中更加普遍。这一状况表明,至少在发达国家,绝大多数人的生活水平已经摆脱了赤贫的威胁,因而,绝对收入水平的进一步增加对于改善人口健康状况效果甚微。另外,有关健康的社会分层研究指出,健康差异不仅仅存在于社会顶层和底层之间,而是呈阶梯状持续存在于社会经济地位不同的各个阶层之间。这也表明,绝对贫困不是影响个人健康的唯一因素,其他社会因素同样影响健康。

  由于社会因素的作用,即便是在最富有的社会中,只要存在社会差距,相对收入水平和相对社会位置造成的相对剥夺(relative deprivation)就会成为影响公共健康的潜在风险。如果一个社会的收入不平等程度很好地反映了不同社会群体之间的差距大小,那么收入不平等与人口健康之间的负相关关系就很容易理解。相对剥夺或相对社会位置影响健康的主要途径是社会心理机制(psychosocial pathways)。威尔金森假说认为,在相对差距较为悬殊的社会中,整个社会氛围更具侵略性、充满敌意、更为压抑,长期生活在这样的社会氛围中会增加患心脑血管疾病等多种慢性病的风险。这种观点得到了相应动物学研究以及有关"工作压力(job strain)"研究成果的支持。例如,萨珀斯基(Saposky 2005)在对人类以外的灵长类动物社会的研究中发现,社会位置的相对排序是影响动物生活质量和健康状况的重要因素。社会地位相对低下伴随着对个体对生活的可控制力不足以及对未来的可预测性低,这些因素往往是形成压力的诱因;加之,社会地位相对低下往往对应于社会支持缺乏,因而无法有效消除压力所导致的负面影响。因此,社会等级低下对动物机体会造成严重的不良影响,这种影响有可能危及有机体的肾上腺系统、心血管系统、生殖系统、免疫系统以及神经系统等诸方面。此外,关于"工作压力"的大量研究指出,长期承担压力较大的工作(如那些缺乏足够自主权并且任务繁重的工作)会损害个人的健康状况(Schnall, Landsbergis and Baker 1994; Marmot et al. 1997; Siegrist 2000; Singh-Manoux et al. 2003)。例如,一项针对英国公务员群体的长达5年的跟踪调查(Marmot et al. 1997)发现,在控制年龄后,行政级别最低的男性员工在跟踪期内患冠心病的发生比率(odds ratio)是行政级别最高的公务员的1.5倍。这种差异主要是由于工作压力不同造成的,当对有关工作压力的指标进行调整后,二者之间的发生比率下降至1.18。

除了相对剥夺对健康造成的负面影响以外,威尔金森假说还指出,悬殊的贫富差距也会拉大不同社会阶层之间的社会距离,导致社会认同的下降、社会信任的解体以及社会关系的恶化,从而进一步影响社会成员的健康状况(Wilkinson 1996, 1997; Kawachi and Kennedy 1997, 1999)。既有研究发现,社会信任与社会整合有助于改善人们的生活质量,社会孤立群体往往在物质上或情感上缺乏足够的社会支持,因而其健康状况更差、预期寿命更低。例如,豪斯等人(House et al. 1988)的研究结果表明,在控制了研究对象的初始健康状况后,那些社会联系数量较少、质量较低的对象面临更大的死亡风险。河内和肯尼迪(Kawachi and Kennedy 1997, 1999)对美国各州的比较研究发现,收入不平等程度与各州的社会信任度以及社区参与度有着非常紧密的联系。

事实上,收入不平等不仅仅影响那些处在相对剥夺位置的人或社会孤立群体,它对健康的负面影响存在严重的溢出效应(spillover effects)。例如,严重的社会分化是诱发大量反社会行为的温床,暴力犯罪、吸毒行为和家庭解体等现象在社会分化严重的国家往往更为普遍。河内和肯尼迪(Kawachi and Kennedy 1997)指出,社会不平等所产生的腐蚀性效应足以摧毁社会成员之间的相互信任,增加人们的挫折感和压力感,并进而导致家庭解体;这些现象是犯罪率上升、各种暴力事件频发的直接导火索。上述观点在有关收入不平等与犯罪行为的实证研究中已经得到支持(如 Hsieh and Pugh 1993; Daly, Wilson and Vasdev 2001)。马尔默特和威尔金森宣称,严重的社会不平等加重了处于社会下层群体的心理和生活负担,削弱了人们的社会融入感,甚至会形成一种"不平等文化(culture of inequality)",它"更具侵略性、更为暴力,人们之间相互联系的纽带更少,彼此之间缺乏互信"(Marmot and Wilkinson 2001)。

除威尔金森强调的社会心理机制外,有学者提出,收入不平等也可能通过与公共投入不足有关的物质机制影响人口健康(Kawachi and Kennedy 1999;Lynch et al. 2000)。他们认为,人们之间的健康不平等归根结底与大家所拥有的或能够享有的物质资源有关。收入不平等对健康的影响,实际上反映了社会成员长期缺乏足够的物质资源保障以应对他们所遭遇的社会问题。一个收入分配高度不均的社会中,其政府往往在基础设施建设、社会保障等公共投入方面存在严重的不足;由于穷人比富人对公共设施和社会保障的依赖性更高、需求更强,因而,在公共投入不足的情况下,穷人的健康状况所受的影响更大。

总之,威尔金森假说(或收入不平等假说)认为,收入不平等与人口健康之间的负相关关系反映了收入不平等本身对个体健康状况的一种真实影响,这种影响主要是通过社会心理机制发生作用的。

1.2.2 绝对收入假说

与威尔金森假说相对应,一些学者指出,在集合层面所观察到的收入不平等与人口健康之间的负相关关系可能只不过是一种统计假象(Gravelle 1998; Lynch et al. 2000; Gravelle et al. 2002; Deaton 2003; Lynch et al. 2004)。在最早的一项关于预期寿命和死亡率的国际比较研究中,普雷斯顿

(Preston 1975)就提出,各国之间预期寿命的差异可能部分可以由这些国家收入分配状况的差异来解释。假定人均收入水平不变,从理论上讲,收入分配不均的社会其人口预期寿命会更低。这是因为,在个体层面上收入对健康的正效应存在边际递减规律,这样,虽然健康是个人收入的增函数,但是一个单位的收入边际增加对于富人健康的正效应比对穷人的效应要小得多。

近年来,随着越来越多的人开始关注收入不平等与健康的关系,有学者开始重新审视普雷斯顿的观点并将其进一步发展完善。例如,格莱维尔(Gravelle 1998)利用个人收入与死亡风险的关系(图1.1)详细阐述了绝对收入假说的基本观点。格莱维尔指出,在简化的假想情况下,假设每个社会只有两个社会成员,并且死亡风险是个体收入的减函数。这样,如图1.1所示,在社会 A 中,两个成员的收入水平分别为 y_{1A} 和 y_{2A},其对应的死亡风险分别为 m_{1A} 和 m_{2A};社会 B 的收入分配比社会 A 更为均衡,两个成员的收入水平分别为 y_{1B} 和 y_{2B},死亡风险为 m_{1B} 和 m_{2B}。虽然两个社会的平均收入水平完全相同 ($\bar{y}$),但是由于个体收入与死亡风险的关系是非线性的,随着收入的上升,死亡风险以边际递减的速度下降,因而社会 A 的平均死亡风险 (m_A) 高于社会 B 的平均死亡风险 (m_B)。在这种情况下,即便收入分配状况本身对个体健康水平不存在任何真实、独立的影响,在集合层面上仍然可以观察到收入不平等与人口健康的负相关关系。据此,格莱维尔(Gravelle 1998)宣称,过去利用集合数据所观察到的收入不平等与健康的关系是一种典型的生态谬误(ecological fallay,详见 Robinson 1950),它反映的只不过是个体层次上收入与健康的非线性关系。在关于收入不平等与健康的研究文献中,这种观点被称为绝对收入假说。

绝对收入假说在实证研究中也得到了一定的支持。例如,在有关健康的社会分层研究中,大量研究发现个体社会经济地位(包括收入)与健康的关系是非线性的,特别地,个体收入对健康的正效应具有显著的边际递减特征,这表明由于"屋顶效应(the ceiling effect)"的存在,处于社会经济地位顶端的群体其健康状况进一步改善的空间有限(Feinstein 1993;Robert and Smith 2000)。

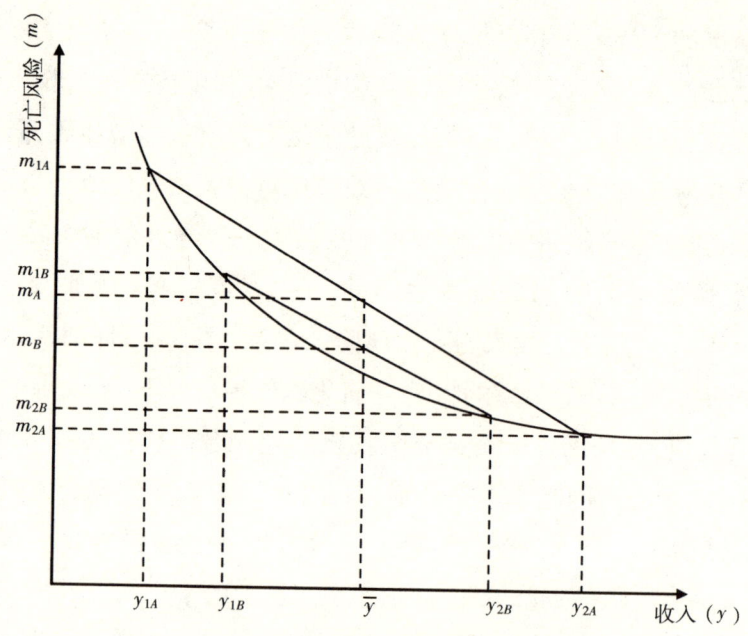

图1.1　关于绝对收入假说的图示

此外,还有不少学者指出,收入不平等与人口健康的关系也可能是由于个人收入以外的其他变量的影响所形成的虚假相关现象(Mellor and Milyo 2001；Deaton and Lubotsky 2003；Shi et al. 2004；Ross and Lynch 2004)。现有文献中所提及的混淆变量(confounders)包括：种族构成、教育程度、基本健康照料、健康保险计划以及其他公共基础设施建设等。这些研究认为,上述混淆变量既与收入不平等程度有关,又在很大程度上影响着人口健康。当在实证研究中对上述因素加以控制之后,收入不平等与健康的相关关系便不复存在。不过,威尔金森和皮克特(Wilkinson and Pickett 2006)强调,在探讨收入不平等与健康的关系时,上述因素(例如健康照料和公共投入等)实际上是收入不平等影响健康的中介变量(mediators),而不应该被视为混淆变量。

1.3 本书的内容概述

如上所述,威尔金森假说和绝对收入假说在一定程度上都能够很好地解释集合层面上观察到的收入不平等与人口健康的负相关关系。毫无疑问,仅仅依赖于集合数据的研究无法有效地检验这两种理论假说。在经验研究中,只有将个体层次的绝对收入指标和社会层面的收入不平等指标同时纳入模型进行多层分析(multilevel analysis),才有可能真正检验这两种理论。在多层分析框架下,按照绝对收入假说的观点,当个体收入对健康的非线性效应被控制后,收入不平等对健康的效应应该为零;相反,按照威尔金森假说的观点,即使控制了个体收入的效应,收入不平等对健康仍然具有稳健的负效应。因此,最近10年间,越来越多的研究开始采用多层分析的方法来检验收入不平等与健康的关系。尽管如此,目前绝大多数多层分析仍局限在某一国家内部的跨地区比较研究中,相应的国际比较研究非常有限。本书主要利用既有的国际比较调查数据,通过构建多层模型系统地检验威尔金森假说和绝对收入假说。具体地说,本书的研究问题主要包括以下3个问题:第一,集合层面上收入不平等与人口健康的负相关关系是否普遍存在?第二,在多层模型中对个体收入指标加以控制之后,收入不平等对个体健康状况的效应是否保持稳健?第三,健康研究中常用的自评一般健康(self-rated general health)是否能有效地测度个体健康水平?自评一般健康是否可以有效地用于国际比较研究中?

尽管已经有大量国际比较研究在集合层次上考察收入不平等与人口健康的关系,不过这些研究对收入不平等与健康的负相关也远未达成一致。既有研究在不同程度上存在样本量偏小、收入不平等的测量指标效度偏低且缺乏国际可比性,以及未有效控制潜在的混淆变量等不足(Macinko et al. 2003;Lynch et al. 2004)。为此,本书第2章将利用来自130个国家的较为可比的统计数据,系统检验集合层次上收入不平等与健康的关系。考虑到收入不平等测度的数据质量问题及其国际可比性,本章将详细剖析相应的问题,并尝试对收入不平等数据加以调整以改善其可比性,从而更有效地揭示收入不平等与健康的关系。

在此基础上,本书第 3 章利用 50 余个国家的大型社会调查数据,在多层分析方法的框架下检验收入不平等对个体自评一般健康的影响。具体而言,本章在控制个体收入水平的基础上考察收入不平等指标对个体健康的效应,进而检验威尔金森假说和绝对收入假说。考虑到跨国研究的复杂性,本章尝试多种分析方法并分析了模型结果的稳健性。

尽管自评一般健康是有关健康的社会研究中最常用的指标之一,但关于该变量的有效性和跨人群可比性,一直备受质疑。本书第 4 章利用 3 个发展中国家的调查数据,详细分析自评一般健康的效度及其国际可比性问题。具体而言,本章系统考察了在 3 个社会经济发展水平和文化差异巨大的国家中,自评一般健康与其他健康指标之间的关系,并讨论了利用自评一般健康进行国际比较研究的意义与问题。

最后,第 5 章总结了本研究的主要发现,探讨了本研究在理论、方法和数据上的局限性,并展望了该研究领域值得进一步深入研究的课题。

第 2 章 关于收入不平等与健康的国际研究:集合层面的数据

2.1 研究背景

到目前为止,多数关于收入不平等与人口健康的研究发现主要基于集合数据。威尔金森假说和绝对收入假说都预期在集合层面上收入不平等与健康之间呈负相关关系。尽管单纯使用集合层面的数据无法检验这两种假说的有效性,从而解释收入不平等与人口健康关系的作用机理,不过,现有的相应集合研究的结果仍然不乏争论。由于各研究所考察的国家数量和地域不同、收入不平等测量指标的来源各异以及所使用的分析方法有别,以往集合层面的经验研究仍存在不一致的研究发现。因此,对现有的集合数据重新进行分析就变得十分必要,这也有助于我们深刻认识国际比较研究的复杂性并为下一章的多层分析奠定基础。

本章将首先讨论以往集合层次研究中在方法和经验分析中所存在的问题,重点探讨国际收入不平等数据的质量和可比性问题。在此基础上,本章将提出改善数据可比性的调整方法,并利用联合国的相关统计数据重新分析各国之间收入不平等与人口健康指标的关系。具体而言,本章的研究内容主要包括:第 2.2 节首先回顾既有关于收入不平等与健康关系的集合层次的主要研究成果,并重点讨论这些研究在方法和数据上存在的局限性;第 2.3 节将介绍本章所使用的主要数据来源和统计分析方法;第2.4节是本章的主体部分,对使用这些数据和方法的主要分析结果进行了详细介绍;在本章最后,第2.5节将对主要研究发现及其意义进行了简单的总结与讨论。

2.2 既有集合层次研究文献述评

2.2.1 研究现状

过去几十年间,国际社会科学领域出现了大量的关于收入不平等与人口健康关系的研究,这些研究主要集中在集合层面;随着研究数量的上升和研究关注度的提高,近年来有一些专门的综述性文章对该领域的研究进行了系统的总结(Wagstaff and Van Doorslaer 2000; Macinko et al. 2003; Lynch et al. 2004, Wilkinson and Pickett 2006)。为避免重复,本章将简要概述该领域研究的发展轨迹,并重点讨论既有研究在方法和数据中存在的问题。

早期在集合层面上关于收入不平等与健康问题的考察,多发现收入不平等指标与人口健康指标之间存在负相关关系(如 Rodgers 1979; Flegg 1982; Waldmann 1992; Wilkinson 1992)。普雷斯顿(Preston 1975)关于国际人口预期寿命的差异可能和收入分配状况部分相关的理论推断引起了不少学者的关注与研究兴趣,罗杰斯(Rodgers 1979)最先就这一问题进行了实证分析。利用普通的线性回归模型,罗杰斯考察了当时存在收入不平等统计数据的56个国家之间人均收入水平、收入分配状况与人口预期寿命之间的关系。分析结果表明,在控制了各国人均收入水平及其平方项后,收入不平等程度对人口预期寿命具有显著的负效应。在样本观察的取值范围内,收入分配状况从最平等到最不平等情况的变化可以导致一国的预期寿命下降5~10岁。类似地,弗莱格(Flegg 1982)在46个欠发达国家中的研究发现,收入不平等对婴儿死亡率具有很强的负效应,这一效应即使在控制了各国的妇女教育状况、健康照料的可得性以及生育率等因素后依然显著。弗莱格在分析中进一

第 2 章　关于收入不平等与健康的国际研究:集合层面的数据

步加入 13 个发达国家的数据后,所得结果与在欠发达国家的研究结论基本相同。威尔金森(Wilkinson 1992)对 9 个国际经合组织(OECD)成员国的数据进行了分析,研究发现,在考察的国家中,收入不平等(以收入最低的 70% 的人口占总收入的份额来表示)与人口预期寿命存在极强的负相关关系($r = -0.86$),相比之下,人均收入水平与预期寿命之间却不存在任何关系。此外,威尔金森对时间序列数据的分析发现,收入不平等的年增长率与预期寿命的年增长率呈负相关关系,也即一国的收入分配状况变得越不平等,其人口健康状况改善得越慢。威尔金森指出,在疾病类型转变完成之后,绝对收入水平对健康的重要性下降,而相对收入或相对社会位置对健康的重要性则上升。因此,收入不平等状况越来越成为影响国际人口健康差异的关键因素,在发达国家之间尤其如此。

尽管相关的早期研究发现呈现惊人的一致性,最近,同种类型的研究对这些早期研究发现提出了有力的挑战。例如,林奇等人(Lynch et al. 2001)指出,早期研究中所使用的收入不平等数据严重缺乏国际可比性,其研究结论的价值也因此而受限。林奇等人利用卢森堡收入研究(the Luxembourg Income Study,LIS)项目的调查数据,计算了更具可比性的收入不平等指标,并据此分析了 16 个发达国家的情况,其中包括了威尔金森(Wilkinson 1992)所研究的 9 个国家。该研究对收入不平等和一系列人口健康指标(如预期寿命、低出生体重、自评一般健康以及年龄别和死因别死亡率)的分析结果表明,收入不平等仅与婴儿死亡率显著相关。林奇等指出,收入不平等程度与人口健康之间最多存在弱相关关系,而威尔金森(Wilkinson 1992)所报告的强相关关系可能与样本选择偏差以及收入不平等数据缺乏可比性有关。为了检验收入不平等与健康关系的稳健性,格莱维尔等(Gravelle et al. 2002)利用 75 个国家的较新数据重新复制了罗杰斯(Rogers 1979)的研究。他们拟合了与罗杰斯(Rogers 1979)完全相同的模型,却发现收入不平等的效应并不显著。

为了更好地控制各国之间未测量的异质性,近期的研究开始利用多国的时间序列数据考察收入不平等与人口健康之间的关系。这些研究结果大多并不支持收入不平等与健康之间的负相关关系。例如，迈勒和米利约（Mellor and Milyo 2001）分析了1960~1990年间30个国家的时间序列数据。他们针对收入不平等的变动与健康指标的变动之间的关系拟合了一阶差异模型（first difference model），也即国别固定效应（country - specific fixed effects）模型。结果显示，收入不平等的变动与婴儿死亡率和预期寿命的变动并不存在显著关系。贝克菲尔德（Beckfield 2004）研究指出，以往的国际比较研究往往仅分析有限个国家、关注双变量的关系而对其他变量缺乏足够的统计控制，那些研究也往往忽视可能的未测量的异质性，其使用的收入不平等数据多数缺乏国际可比性。贝克菲尔德利用1947~1996年间115个国家的时间序列数据分析了收入不平等与健康的关系，研究发现，当对收入不平等和预期寿命的数据来源、估计年份、定义差异等因素加以控制后，收入不平等对人口预期寿命的负效应明显变小；而在通过固定效应模型进一步控制了各国间其他未测量的异质性后，收入不平等与预期寿命的关系变得不再显著。为检验研究结果对样本选择的敏感性，贝克菲尔德进一步将分析样本限定为高收入国家，然而相应分析结果并无明显变化。

与以上研究发现相对照，近期同样有研究表明收入不平等与人口健康之间存在相关关系，且相应关系并未随着时间的推移而消失。例如，德沃格里等（De Vogli et al. 2005）研究指出，在全球最富有的21个国家中，当对人均GDP进行调整，并以人口规模作为权数进行加权后，收入不平等（以基尼系数来测量）与人口预期寿命的相关系数高达 -0.864，这与威尔金森（Wilkinson 1992）的早期研究结果相一致。不过，在集合层次的研究中是否应按照人口规模来进行加权值得商榷，这一点将在下文中详细讨论。

林奇等人（Lynch et al. 2004）在对相关研究成果的综述中，回顾了26项基于集合层次数据的国际比较研究，结果发现，所回顾的研究中15项研究支持收入不平等与人口健康指标存在负相关关系，这些研究使用的健康指标包括预期寿命、婴儿死亡率、年龄别死亡率、平均死亡年龄、平均身高以及凶杀率等;另有 6 项研究未发现收入不平等与健康存在关系;其余的 5 项研究则报告了相互矛盾的不确定结果。不过,林奇等人指出,后两类研究,即那些报告,没有关系或关系不确定的研究,大多是在 1995 年以后进行的,它们所使用的数据可能要比早期研究质量更高。

研究结果的不一致与经验数据的质量不同有关,也有分析方法方面的原因。在本节内容中,笔者将讨论研究中存在的主要问题,包括收入不平等程度的测量问题,以及其他有关的方法和经验数据问题。

2.2.2 收入不平等及其测量

收入不平等指标的数据质量及其国际可比性问题,一直是困扰有关收入不平等与健康关系研究的主要难题之一。为对该问题有个更清晰的认识,我们首先介绍一下收入不平等的测量方法及数据来源。

收入不平等的测量方法有很多种。在经济学中,一项好的测量收入不平等的指标需要满足两个基本原则:第一个原则是刻度稳定性(scale invariance),即每个人的收入都乘上一个常数并不改变不平等的程度,这使得在使用不同度量单位的各国之间比较收入不平等水平成为可能;第二个原则称为转移支付原则(principles of transfers),即从一个富人向一个穷人转移任意数量的收入,只要不改变二者的相对排序,都应该导致不平等程度下降(Allison 1978; Atkinson and Bourguignon 2000)。

几乎所有满足刻度稳定性和转移支付原则的不平等测量指标都与洛伦兹曲线(the Lorenz curve)有关。图 2.1 展示了几条洛伦兹曲线的形状。其中,横坐标表示将人口按照收入从低到高排列后的人口比重,纵坐标表示相应比重的人口收入之和占社会总收入的比例。与 45°线重合的直线 A 代表了完全平等的情况,即每个社会成员的收入都相等。当一条洛伦兹曲线完全在另一条洛伦兹曲线的上方时,如图中的曲线 B 和曲线 C,所有满足上述两个原则的收入不平等测量指标所给出的关于两个收入分布的排序都相同:曲线 C 所代表的收入分配状况比曲线 B 的情况更加不平等。不过,当两条洛伦兹曲线相交时,使用不同的不平等测量指标去比较收入分配的状况可能会得出不同的结果。事实上,除非增加额外的限定条件,否则这种情况下根本无法确定哪个分布更平等一些(Davies and Hoy 1995；Atkinson and Bourguignon 2000)。

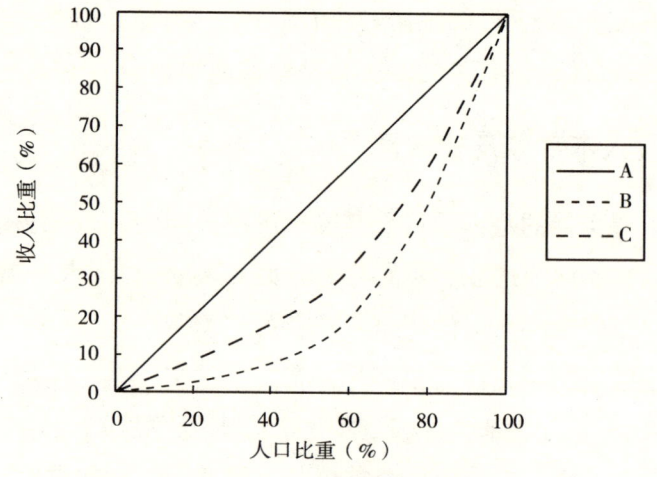

图 2.1　洛伦兹曲线的例子

与其他测量收入不平等的指标相比,基尼系数(the Gini coefficient)与洛伦兹曲线具有非常直观的关系。基尼系数的值等于洛伦兹曲线与图 2.1 中代表完全平等的 45°线之间的面积的两倍。基尼系数的数学计算公式可以表示为

$$Gini = \frac{\frac{1}{n^2}\sum_{i=1}^{n}\sum_{j=1}^{n}|x_i - x_j|}{2\mu} \quad (2.1)$$

其中,x_i 表示第 i 个成员的收入;μ 表示所有社会成员的平均收入。理论上说,基尼系数只不过是众多测量收入不平等的指标中的一个,它并不必然优于其他指标,比如泰尔指数(the Theil's index)或对数方差(the variance of the logarithms)(详见 Allison 1978)。然而,可能由于基尼系数与洛伦兹曲线

的关系非常直观,它成为国际上使用的最为普遍的收入不平等指标;相比之下,使用其他的不平等指标往往需要研究者重新做大量的数据收集和处理工作。不过,总的来说,有研究显示各类收入不平等与测量指标之间高度相关,一般情况下,不论选择使用哪种指标来测度不平等,都不太可能影响对收入不平等与人口健康关系的研究结果(Kawachi and Kennedy 1997)。

在关于收入不平等测度问题的理论争议之外,经济学领域对收入不平等指标的跨地区和跨时期可比性问题做了大量的研究(Chotikapanich et al. 1997;Gottschalk and Smeeding 1997;Atkinson and Bourguignon 2000;Atkinson et al. 2000;Atkinson and Brandolini 2001;Deaton 2003),相比之下,这个问题在关于收入不平等与健康关系的研究中还未得到足够的重视。展开来说,收入不平等的估计可能因为以下差异而难以直接比较:收入的定义、收入主体(income recipient)的分析单位、由于家庭规模和构成的差异而进行的等价性调整方法以及许多其他方面的问题。第一,有些收入不平等的估计是基于总收入,有些是基于税后纯收入,还有的是基于对消费水平的度量。这些使用不同收入概念估计的不平等指标很难直接进行比较。有研究指出,基于总收入所估计的基尼系数大约比基于纯收入所计算的结果高 6 个百分点(Atkinson and Brandolini 2001)。第二,不同数据中收入主体的度量单位往往不同。有些调查收集的是个人收入数据,而其他调查可能会收集家庭收入或户收入。目前还很少有研究考察这些差异对估计收入不平等水平的影响。第三,在收集收入数据时,所指定的时间范围也不尽相同。例如,有的询问年收入,有的则询问月收入,甚至还有一些会询问周收入。第四,当所收集的数据是家庭(户)收入时,一般需要通过特定的等价性调整(equivalence scale)方法以控制不同家庭在规模和构成方面的差异。然而,有些关于收入不平等的估计值并没有进行相应调整,或者即便进行调整,使用的调整方法也往往并不相同。第五,考虑到收集收入数据的复杂性和困难性,收入不平等的估计结果还可能受拒访率、收入低报和漏报等问题的影响。

以上所提及的这些问题可能在很大程度上影响收入不平等数据的可比性，进而影响有关收入不平等与健康关系研究结果的可靠性。然而，受数据资料的限制，到目前为止，绝大多数的国际比较研究往往根据收入不平等数据的可得性而决定所分析国家的范围，其分析中直接使用各国未经调整的收入不平等数据而忽视其来源的异质性和不可比性等问题。因此，不难理解许多研究给出的结果为什么大相径庭。

2.2.3 现有文献中的其他主要问题与不足

除收入不平等的测量与数据问题外，现有关于收入不平等与健康关系的研究中还存在其他的方法和经验数据问题。由于这些问题的存在，也部分导致了在集合层面关于收入不平等与人口健康关系的实证研究结论并不一致。

第一，在考察收入不平等与健康的关系时应该控制哪些可能的混淆变量，目前关于这一问题学界还没有达成共识。现有文献中有些研究仅报告收入不平等与人口健康指标之间的简单相关关系（如 Wilkinson 1992），部分研究包括控制了人均收入水平后收入不平等与人口健康的关系（如 Rogers 1979），还有一些研究控制更多的混淆变量（如 Flegg 1982；Beckfield 2004），最近的一些研究甚至通过对时间序列数据拟合固定效应模型，试图控制不随时间变化的所有异质性（Mellor and Milyo 2001；Beckfield 2004）。由于这些研究在模型设定中差别很大，因而它们得出不同的研究结论并不令人惊讶。

第二，有些研究者认为固定效应模型更加精确，其结果更为可信（Mellor and Milyo 2001）。不过，这一论点并不总是成立。事实上，具体到某些特定的研究问题时，固定效应模型所得出的结论有可能存在很大的误导性。究其原因，首先，固定效应模型往往假定收入不平等对健康的效应是即时的（concurrent），即不存在时滞效应，只有当前的收入不平等水平影响当前的健康状况。这一假定与现实情况相去甚远，基于现实情况的复杂性与健康状况的路径依赖性，我们有理由相信收入不平等对健康的影响存在时滞。例如，达利等人（Daly et al. 1998）的研究结果表明，在分析收入不平等与健康的关系时,如果不考虑时滞效应,固定效应模型的结果倾向于低估二者之间的真实关系。加之,对于一个特定的国家而言,其收入不平等程度随时间变动幅度通常很小,这样,由于缺乏足够的变动性,使用固定效应模型不大可能发现显著的效应。例如,李弘毅等人(Li et al. 1998)对1947～1994年间49个国家的基尼系数资料的分析发现,这些基尼系数的总方差中只有很小的一部分是由于时期维度上的变化引起的(即纵向方差),而超过90%的方差可以归因于国与国之间的差异(横向方差)。其次,固定效应模型假定各国之间未观察到的异质性不随时间发生变化,并且不同时期的收入不平等估计值具有可比性。而现实情况是,一个国家的许多特征是随时间发生变化的,比如在过去几十年中一些国家的医疗技术取得了飞速的发展。尽管收入不平等数据的跨时期可比性可能比其跨国可比性更强一些,但这并不意味着跨时期可比性就没有任何问题。有研究发现,即便是在向来重视数据收集工作、数据较为丰富的美国,估计收入不平等的思路和方法也随时间发生了几次大的变动,这就导致这些变动前后的时间序列数据并不完全可比(Deaton 2003)。

第三,在一些集合层次上有关收入不平等与人口健康的研究中,研究者使用各国人口规模作为权数对数据进行加权处理(如 Wilkinson 1996; Ross et al. 2000; Deaton and Lubotsky 2003; De Vogli et al. 2005)。在笔者看来,这样做的意义并不是很明确。在相关的集合层次研究中,没有理论表明应该对于人口众多的社会给予更大的权重。事实上,加权后得到的结果有可能是具有误导性的。例如,德沃格里等人(De Vogli et al. 2005)的结果显示,在发达国家中收入不平等与人口预期寿命之间具有极强的负相关关系,该结论在很大程度上与使用人口规模加权数据有关。在他们所分析的国家中,两个人口大国(美国和日本)对于所得结论起到了压倒性的作用。其中,日本收入分配相对均匀,而且预期寿命排在全球之首;与之相对,在发达国家中美国的收入差距相对较大,其人口寿命也比日本低得多。笔者对该数据重新进行了分析,结果发现,使用人口规模加权严重夸大了基尼系数与预期寿命之间的关系,二者的相关系数在未加权的情况下仅为 -0.433,且在统计上并不显著,而加权后的相关系数却高达 -0.907。

第四,不同研究考察的国家和地区范围常常存在很大的差别。既有研究通常根据数据的可得性,尤其是收入不平等指标的可得性,来确定研究中包含哪些国家。由于数据来源各不相同,很少有研究是基于相同的国家来进行分析的。此外,许多研究只局限于对所有或部分发达国家进行分析(如 Wilkinson 1992; Lynch et al. 2000; De Vogli et al. 2005)。与世界上其他国家的情况相比,发达国家之间往往在收入不平等程度和人口健康水平方面差异较小,其研究结论难以外推到所有国家的情况。

本章将提出一种改善收入不平等数据可比性问题的策略,在此基础上,利用关于全球收入不平等状况的较完整的数据对各国的收入不平等情况重新进行估计。依据这些调整后的收入不平等数据和联合国人类发展报告中的有关各国统计资料,本章将进一步分析收入不平等与不同人口健康指标之间的关系。

2.3 数据与方法

2.3.1 全球收入不平等数据库

众所周知,收集高质量的收入数据相当困难,关于收入不平等状况的估计更是如此。然而,对于收入不平等与健康关系的国际比较研究来说,高质量的收入不平等数据是必不可少的,只有这样,研究结果才有意义。全球收入不平等项目(the World Income Inequality Project)收集整理了来自世界各国的收入不平等估计数据(主要是基尼系数和各种收入比)。该项目的主要成果之一是建立了全球收入不平等数据库(the World Income Inequality Database, WIID),并对其进行不断的更新和维护。本研究所使用的收入不平等数据主要来自2007年5月公开的 WIID 第2.0b 版,该数据包括了全球154个国家的共4981个收入不平等估计值,其数据收集的时间跨度很大,从最早的

1867 年一直到 2005 年。

WIID 是目前关于全球收入不平等资料最全面的数据库之一，该数据为我们分析收入不平等与健康的关系提供了很好的基础。更为重要的是，全球收入不平等项目除了收集这些数据之外，还对每个估计值的质量进行了评估，并提供了非常详尽的相关信息，比如收入的定义、来源、调查性质（所涵盖的人口和地区范围）以及在估算过程中是否进行了等价性调整等。这些信息对于我们检验收入不平等数据的国际可比性，并进行必要的可比性调整非常重要。

2.3.2 联合国人类发展报告

联合国人类发展报告（the United Nations Human Development Report）是联合国发展计划署（the United Nations Development Programme，UNDP）为了评价各会员国的综合发展情况而出版的年度报告。该报告涉及的内容非常广泛，包括人口、经济、社会发展等诸多方面。本研究主要使用 2005 年度联合国人类发展报告的统计数据，该报告收录了 177 个联合国会员国的详细统计信息。联合国收集这些数据的主要目的在于构建每个国家的人类发展指数（Human Development Indicator，HDI），不过，数据中包括了大量的人口健康指标，如预期寿命、婴儿和儿童死亡率、年龄别存活概率、平均身高、体重等，这些丰富的统计资料为我们进行关于人口健康的国际比较研究提供了重要的数据基础。此外，联合国人类发展报告中还包括诸如公共卫生支出、卫生资料和基础设施状况如水源情况、免疫率、平均每 10 万人拥有的医师数等指标，这些信息对于检验收入不平等与人口健康的关系是否受到了其他方面国际差异的影响非常关键。由于联合国人类发展报告几乎囊括了世界上所有的国家，这就确保了我们在分析数据时不用担心分析结果可能存在的样本选择偏差问题，同时对进一步检验发达国家和发展中国家之间人口健康水平的影响因素是否存在系统性差异提供了条件。

具体而言，2005 年联合国人类发展报告中共包括两种人口健康指标：第一种指标是死亡率或基于死亡率的健康指标,如预期寿命和分性别的预期寿命、婴儿死亡率、5岁以下儿童死亡率、65岁时分性别的存活概率等。第二种指标是非死亡的健康指标,如新生儿中低出生体重者所占比例、发育不良的儿童比例(身高或体重偏低)、营养不良者的比重等。考虑到健康本身的多维性,这些指标对于系统检验收入不平等与人口健康之间的关系具有特殊的意义。

除健康指标以外,联合国人类发展报告还包括了其中124个成员国的收入不平等指标(基尼系数)。该报告在注释中指出,在使用这些不平等数据进行国际比较研究时应当慎重,这从一个侧面反映了报告本身对这些数据质量的不确定性。尽管如此,这些不平等数据仍有助于我们交叉检验全球收入不平等数据库中相应估计值的稳健性,这一点将在下文详细讨论。

2.3.3 方法

在WIID中,很多国家都包括收入不平等状况的多个估计值。由于收入定义、测度时间、数据来源、计算方法等方面的差异,这些估计值并不完全相同。不过,对于本研究来说,这种多个估计值的情况使我们有可能系统考察收入不平等数据的可比性问题,并探讨可能的改进办法。

具体而言,本部分的基本分析思路是:根据WIID提供的辅助信息,我们有可能通过模型分析的方法估计在计算基尼系数的各个环节上的差异如何影响估计结果本身,并利用模型估计结果去调整基尼系数的初始值,使调整后的值具有内在一致性。考虑到同一国家的不同估计值之间存在群组效应(clustering),因而在模型分析时有必要对此进行统计处理。这样,本研究采用允许组内相关的随机效应模型,该模型的一般形式可表示为

$$Gini_{ij} = \beta_{0j} + \sum_{k=0}^{K} \beta_k X_{kij} + \varepsilon_{ij} \quad (2.2)$$

和

$$\beta_{0j} = \eta_{00} + \alpha_{0j} \quad (2.3)$$

其中，式(2.2)中的 $Gini_{ij}$ 表示针对第 j 个国家的第 i 个基尼系数估计值；X_{kij} 表示相应第 k 个自变量的取值；ε_{ij} 是每个估计值对应的残差项，它服从 $N(0,\sigma_\varepsilon^2)$ 分布；式(2.3)中的 β_{0j} 是每个群组(国家)对应的随机截距，用以反映不同国家未测量的异质性；α_{0j} 为国家层面的残差项，它服从 $N(0,\sigma_\alpha^2)$ 分布。这是一个简单的二层随机截距模型。由于国家间收入不平等程度的异质性不是本研究的分析重点，因而模型只在第二层次上设定了一个随机截距项，并未包括任何可能的解释变量。使用该模型进行分析的目的在于考察不同收入定义、计算方法等因素对估计基尼系数的影响，并根据模型所估计的效应参数对不同来源的基尼系数加以调整，使其具有内在一致性，从而增强国际可比性。

在解决收入不平等数据的可比性问题之后，对收入不平等与人口健康关系的分析就变得直接明了。假设各国的人口健康指标是相应的人均收入水平、收入不平等程度以及其他协变量(covariates)的函数：

$$h_j = f(Inc_j, Gini_j, X_{jk}) \qquad (2.4)$$

其中，h_j 表示第 j 国的健康指标取值；Inc_j、$Gini_j$ 和 X_{jk} 则表示相应的人均收入、基尼系数以及需要控制的其他国家特征变量。例如，将人口预期寿命视为人均收入水平及其平方项、基尼系数以及其他控制变量的线性函数，那么有

$$LE_j = \beta_0 + \beta_1 Inc_j + \beta_2 Inc_j^2 + \beta_3 Gini_j + \sum_k \beta_k X_{jk} + \varepsilon_j \qquad (2.5)$$

式(2.5)可以通过最小二乘法进行拟合。

2.4 主要研究发现

2.4.1 对收入不平等数据的调整

出于完整性的考虑，WIID 收集了甚至早在1867年的收入不平等数据。这些很早以前的估计值可能具有珍贵的历史价值，但是对于我们目前的研究

问题意义不大。因此,本研究选择只保留1980年以来的收入不平等估计值❶。这样,WIID数据中的观测值数量从最初的4981个减少到3333个。另外,有些估计值只是基于对某一国家中部分地区的调查数据,缺乏对相应国家的代表性,因而不适合用于国际比较,将这些观测值(1087个)删除后,WIID数据中还有来自145个国家的2246个估计值。最后,在部分所剩余的数据中,有很小一部分估计值(大约5%)对应的辅助信息(如收入的定义、收入主体的单位、是否进行过等价性调整等)有缺失,这些估计值无法用于相应模型分析。最终,本部分分析的有效样本为136个国家的共2128个基尼系数估计值。此外,在基尼系数对应的收入时间范围的变量中,除了年收入、月收入和周收入之外,还有大约43%的样本相应信息缺失,为避免样本进一步下降,本研究将这些缺失样本单独作为该变量的一个类别,并将其纳入后续的分析中。

根据WIID所提供的辅助信息,本研究构建了如下有可能影响基尼系数可比性的变量:①收入/消费数据所对应的时间范围,共包括4个类别,分别为年度数据、月度数据、周数据,以及一个专门表示该信息缺失的单独类别。②收入主体的单位,共分为3个类别,即户收入、家庭收入和个人收入。③数据的分析单位,即按照在估算基尼系数时家庭(户)收入是否对家庭(户)规模进行加权处理来确定,如果进行了相应处理,那么数据的分析单位就是个人,否则其估算的是家庭(户)收入的基尼系数。④等价性调整指的是在估算基尼系数的过程中是否考虑了家庭(户)规模和结构上的差异,以及相应调整是如何进行的。在WIID的样本中,最常见的等价性调整方法是简单人均法(per capita scale),即将家庭(户)收入除以其人口数求得人均收入。其他的等价性调整方法还包括平方根法(square root scale),即将家庭(户)收入

---

❶ 选取1980年作为起点具有一定的随意性。至于使用哪一年对目前的分析问题更有意义则有待于进一步的研究。如果选取一个比1980年更近一些的年份,那么我们会损失掉那些只有较早的基尼数据可得的国家;相反,如果选取一个更早的年份,则又增加了数据过于陈旧而不能反映现实情况的风险。

除以其成员数的平方根,以及国际经合组织提倡的调整方法(OECD scale)及其变形❶。⑤最后,收入的定义,即调查数据所关注的不平等到底是哪方面的不平等。在本研究中将收入定义共划分为3个类别,分别为可支配收入/工资、总收入/工资,以及消费/花费情况。表2.1给出了上述有关变量在WIID样本中的统计分布结果。

表2.1 调整基尼系数所使用的变量的统计描述($N=2128$)

变量名	均值/比例
收入的时间范围	
年	.260
月	.292
周	.016
缺失	.432
收入主体的单位	
户	.919
家庭	.072
个人	.008
分析单位	
个人	.805
家庭	.032
户	.163
等价性调整方法	
人均法	.608
无调整	.184
其他方法	.208

---

❶ 有关各种计算基尼系数的等价性调整方法的详细介绍,请参阅WIID用户手册(WIID User Guide 2007)。

续表

变量名	均值/比例
收入的定义	
可支配收入/工资	.523
花费或消费	.180
总收入/工资	.297

注:本书表图中的数据统一采用软件模型数据,小数点前位置为0的省略"0"。

为了便于比较,本研究利用 WIID 数据分别拟合了随机效应模型(RE)和普通最小二乘法的线性模型(OLS)。表2.2给出了两种模型的相应拟合结果。对比这些模型结果显示,在分析这些数据时如果忽略了群组效应(cluster effect)很可能得出具有误导性的结论。假定各个观测值之间相互独立的 OLS 回归所估计的模型参数与考虑群组效应的 RE 模型结果存在很大的差异。在 RE 模型中,组间相关系数(ρ)的值高达 0.744,表明 WIID 数据样本中基尼系数的变异主要是由于不同国家之间基尼系数的差异所造成的。这与以往研究发现相一致(Li et al. 1998)。

尽管这些回归系数本身并不是本研究关注的重点,而且到目前为止仍然缺乏足够的理论基础解释这些系数所对应的差异。不过,模型结果中的一些基本模式仍值得关注。例如,OLS 模型和 RE 模型都表明,根据总收入(工资)计算的基尼系数的值明显大于根据可支配收入(工资)计算的基尼系数的值。按照 OLS 模型的回归结果,前者比后者约高7个百分点,这与阿特金森和布兰多利尼(Atkinson and Brandolini 2001)所报告的结果相近。与 OLS 模型结果相比,考虑了各国异质性的 RE 模型所给出的回归系数大约只有 OLS 模型相应系数的一半,即约 3.8 个百分点。另外,按照 RE 模型的结果,在计算基尼系数的过程中如果没有进行任何等价性调整,其估计结果大约比进行了人均法调整后的基尼系数高 3.6 个百分点。而在 OLS 模型中,二者之间不存在显著差异。总的来说,RE 模型的结果更为合理一些。正如使用可

第 2 章 关于收入不平等与健康的国际研究:集合层面的数据

支配收入代替总收入可以部分降低不平等程度的估计值一样,使用等价性调整本身在一定程度上也有助于消除一部分由于估计方法而导致的不平等。

表 2.2 调整基尼系数的模型拟合结果

自变量	回归系数	
	模型 1(OLS)	模型 2(RE)
收入的时间范围(参照组 = 年)		
月	7.993***	.476
	(.629)	(.441)
周	4.578***	-2.033
	(1.740)	(1.242)
缺失	5.304***	-.171
	(.543)	(.357)
收入主体的单位(参照组 = 户)		
家庭	-10.650***	-7.276***
	(1.082)	(.770)
个人	-12.348***	-2.437
	(2.493)	(1.416)
分析单位(参照组 = 个人)		
家庭	6.867***	4.351***
	(1.965)	(1.127)
户	-3.963***	-4.425***
	(1.674)	(1.028)
等价性调整方法(参照组 = 人均法)		
无调整	-1.113	3.619***
	(1.717)	(1.034)
其他方法	-7.964***	-1.229**
	(.621)	(.446)
收入的定义(参照组 = 可支配收入/工资)		
花费或消费	-.501	-2.567***
	(.609)	(.431)
总收入/工资	7.036***	3.867***
	(.531)	(.344)

收入不平等与健康

续表

自变量	回归系数	
	模型1(OLS)	模型2(RE)
截距项	35.124***	41.641***
	(.469)	(.805)
R^2	.354	.182
组内相关系数(ρ)	—	.744

注：括号中数值为标准误差(Standard errors)。* $p<0.05$,** $p<0.01$,*** $p<0.001$。随机效应模型(RE)由Stata9.0的"xtreg"程序拟合。用于拟合模型的观测值总数为2128,国家数为136。

接下来,本研究利用RE模型所估计的回归系数对WIID数据中基尼系数的初始值进行调整。具体的调整方法为,对于模型中任一自变量的取值为"1"时,将相应因变量取值(基尼系数的初始值)减去该自变量所对应的回归系数估计值。例如,如果WIID数据中的基尼系数是根据总收入计算的,那么调整方法是将数据中相应的基尼系数值减去3.867个百分点。通过使用这种调整方法所构建的收入不平等指标均对应于模型中参照组的特征,即其所对应的是应用人均法进行等价性调整并按照家庭(户)规模进行加权后的可支配年收入,这也是WIID所推荐的测度不平等的方法(WIID User Guide 2007),因而调整后的指标满足内在一致性。

此外,比较未调整的基尼系数、根据OLS模型调整后的基尼系数以及根据RE模型调整后的基尼系数,结果显示,未调整的基尼系数与根据RE模型调整后的基尼系数之间的相关系数为0.97,而其与根据OLS模型调整后的基尼系数之间的相关系数仅为0.80❶。由此可见,如果不考虑数据本身的群组效应问题,有可能导致对收入不平等数据的过度调整(over-adjustment)。

在分析收入不平等与人口健康的关系之前,还有一个关键的问题需要解决。如前所述,对于许多国家而言,WIID数据中包括多个基尼系数估计值。

---

❶ 这些值为简单的皮尔逊相关系数,其计算过程未考虑数据的群组结构。

第2章 关于收入不平等与健康的国际研究：集合层面的数据

那么，我们应该选择使用哪一个呢？一种常见的选择标准是使用那些收入不平等数据的收集时间与人口健康指标的测度年份最相近的基尼系数值（如 Gravelle et al. 2002）。不过，考虑到收入不平等对健康的影响存在时滞，这种常见的选择标准并不一定给出最合理的选择结果。同时，有研究表明，一国的收入不平等状况随时期变动性很小（Li et al. 1998）。基于以上两方面的考虑，在对存在多个基尼系数估计值的国家选择数据点时，本研究决定使用调整后的基尼系数的算术平均数。这样做主要有两个好处：一方面，由于缺乏对收入不平等的时滞效应的足够认识❶，考虑过去20年左右一国的平均不平等程度对健康的影响可能比使用其中某一年的估计值更有意义；另一方面，多个估计值的均值往往更加稳定，较少受到一些极端情况的影响❷。

2.4.2 集合层面收入不平等与健康的关系

在将各国调整后的基尼系数均值与2005年度联合国人类发展报告数据匹配后，其中有6个国家存在相应的基尼系数估计值（来自 WIID 数据），但没有相应的人口健康指标（这些国家未包括在联合国人类发展报告中）。因此，本部分的分析样本进一步下降为全球130个国家。尽管如此，本研究仍然是目前集合层面关于收入不平等与人口健康关系的研究中包括国家数量最多的研究之一。

在介绍关于收入不平等与人口健康的统计分析结果之前，本节首先对调整后的 WIID 收入不平等数据与联合国人类发展报告中的收入不平等数据

---

❶ 到目前为止，很少有研究明确分析收入不平等对健康影响的时滞效应。一项相关研究成果显示，收入不平等的时滞效应可以长达15年，15年前的收入不平等状况甚至比当前的收入不平等状况与人口预期寿命的关系更加密切（Blakely et al. 2000）。不过，由于相应的研究非常少，其结论的可靠性仍有待于进一步检验。

❷ 即便在进行调整后，少数国家的不同基尼系数估计值之间仍然存在较大差异。例如，WIID 数据中包括两个关于塞拉利昂（Sierra Leone）的基尼系数（百分点）：其中一个是2003年的42.97；另一个是1989年的66.44（在进行调整之前，二者的值分别为2003年的39和1989年的63.7）。在这种情况下，本分析所使用的调整后的均值为54.7。

进行了对比。图 2.2 显示了两组基尼系数的散点图($N = 122$)。从图中的结果不难看出,两组基尼系数之间具有较高的一致性,它们的相关系数约为 0.88❶。本节的以下部分将利用调整后的基尼系数分析收入不平等程度与人口健康指标之间的关系。

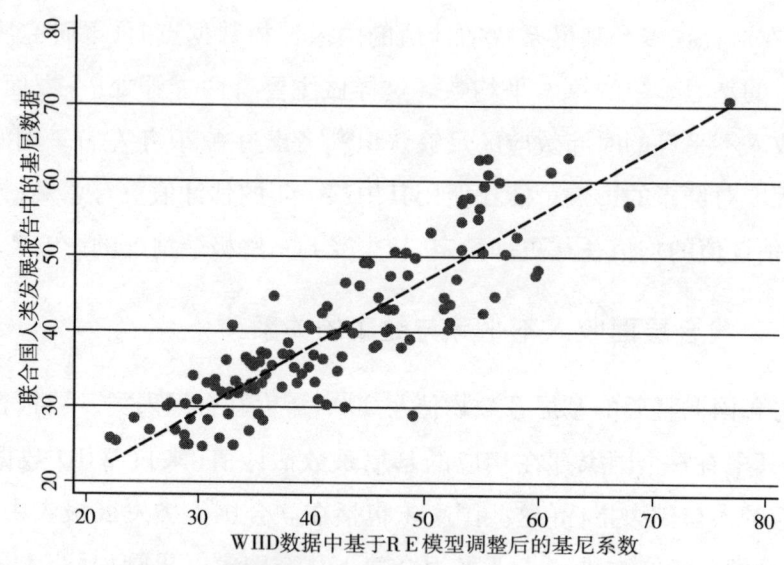

图 2.2 调整后的 WIID 基尼系数与联合国人类发展
报告中的基尼系数的散点图

联合国人类发展报告包含了关于各国人口健康状况的非常丰富的信息。本节的研究中将主要分析人口预期寿命,这是最常用,可能也是最能够全面反映人口健康的指标。此外,作为对人口预期寿命指标的补充,本节的最后部分也给出了关于其他人口健康指标的分析结果,并对不同健康指标之间的可能差异进行了简单讨论。

---

❶ 作为参照,阿特金森和布兰多利尼(Atkinson and Brandolini 2001)对两组分别来自世界银行(the World Bank)和卢森堡收入研究项目(the Luxembourg Income Study)的基尼系数的对比发现,二者的相关系数仅为 0.48。

图 2.3 显示了本分析中包括的所有国家的基尼系数与预期寿命的散点图($N=130$)。从图中不难看出,收入不平等与预期寿命之间存在较强的负相关关系,二者的简单相关系数约为 -0.639,这与大多数前期研究的结果相一致。

图 2.4 给出了将分析样本按照发展中国家和发达国家划分之后的散点图情况❶。对于发展中国家而言,基尼系数与人口预期寿命之间的关系与总样本的情况相似,二者的相关系数约为 $-0.562 (N=109)$。相比之下,在发达国家中,收入不平等与预期寿命几乎不存在明显的关系,二者的相关系数仅为 $-0.09 (N=21)$。这可能是因为,与全球的情况相比,发达国家之间人口预期寿命的绝对差异要小得多。

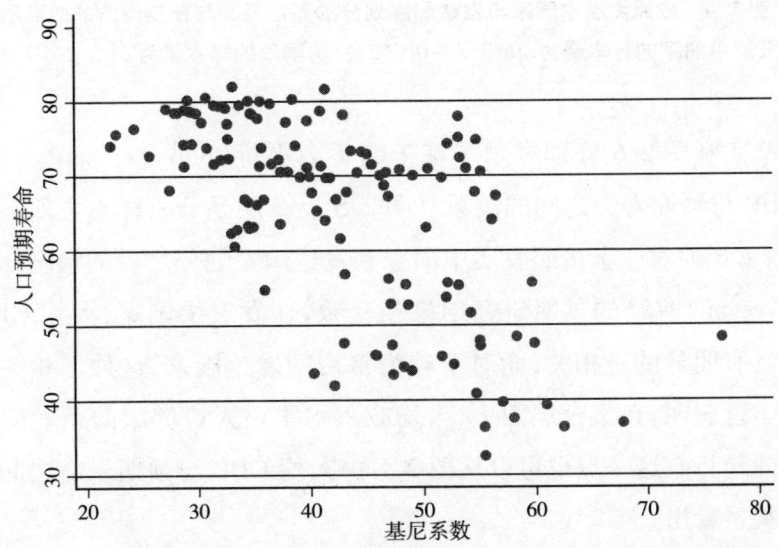

图 2.3　基尼系数与预期寿命的散点图(所有国家)($N=130$,$r=-0.639$)

---

❶　与德沃格里等人(De Vogli et al. 2005)的标准相一致,本分析中的发达国家包括澳大利亚、奥地利、比利时、加拿大、丹麦、芬兰、法国、德国、希腊、冰岛、意大利、日本、卢森堡、荷兰、新西兰、挪威、葡萄牙、西班牙、瑞典、瑞士、英国和美国。其中,冰岛的收入不平等数据缺失,因而未纳入本分析中。

收入不平等与健康

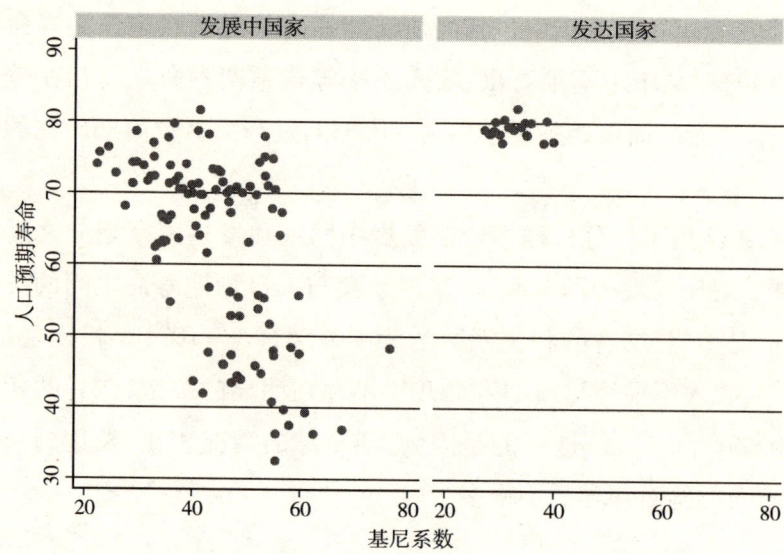

图 2.4　按照发展中国家与发达国家划分的基尼系数与预期寿命的散点图
（发展中国家的样本量为 109，$r = -0.562$；发达国家的样本量为 21，$r = -0.09$）

　　图 2.5 和图 2.6 分别展示了基于购买力平价（purchase parity power）的人均 GDP 与预期寿命之间的关系。图 2.5 反映的是分析样本中所有国家的情况，图 2.6 则对应于按照发展中国家和发达国家划分之后的情况。与普雷斯顿（Preston 1975）的早期研究结果相一致，在发展中国家，人均 GDP 与预期寿命具有明显的正相关；而对于较为富裕的发达国家，这种正相关关系不再存在。这表明，在集合层面上，人均收入水平对人口健康的正效应具有边际递减的趋势。这一点也可以从图 2.5 中人均 GDP 与预期寿命之间明显的非线性关系看出。

　　上述散点图只是反映两个变量之间的简单相关关系，为了进一步考察收入不平等对人口健康的效应，本节以下部分将以人口预期寿命为因变量，拟合一组 OLS 回归模型。表 2.3 给出了模型中有关变量的定义以及统计分布情况。

第 2 章 关于收入不平等与健康的国际研究：集合层面的数据

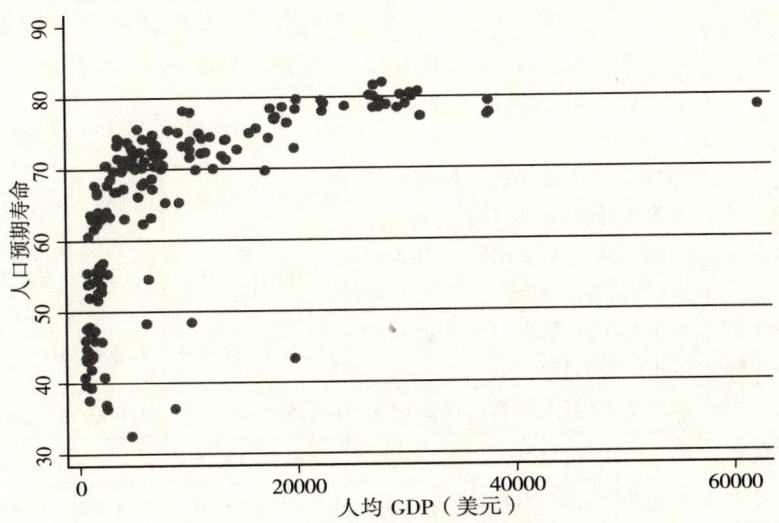

图 2.5 人均 GDP 与预期寿命的散点图（所有国家）

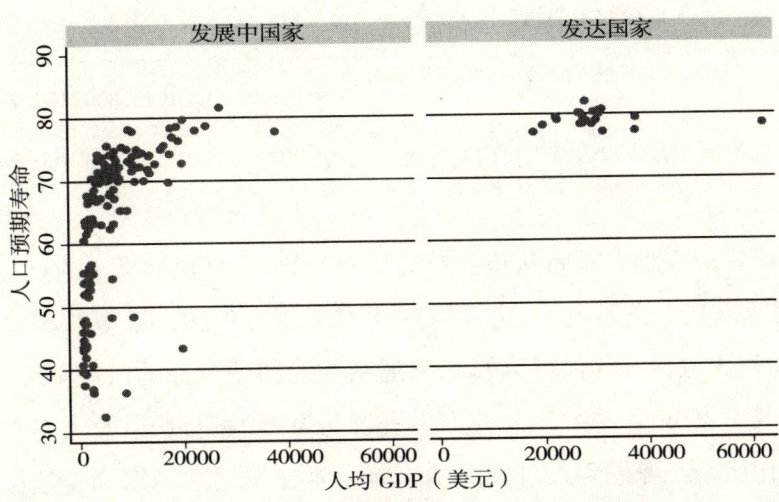

图 2.6 按照发展中国家和发达国家划分的人均 GDP 与预期寿命的散点图

表 2.3　变量的定义与统计分布情况

变量名	定　　义	均值	标准差	最小值	最大值	N
预期寿命	2003年的出生时人口预期寿命	65.530	12.870	32.500	82.000	130
基尼系数	调整后的WIID基尼系数（百分点）	42.114	10.353	22.150	76.638	130
人均GDP	2003年的人均GDP（根据购买力平价计算，单位为千美元）	9.839	10.969	.548	62.298	130
人均公共卫生支出	国家公共卫生支出除以其人口数（单位为千美元）	.700	.962	.016	5.274	128
医师接生的新生儿比例	新生儿中由专业卫生人员负责接生的百分比	75.210	27.866	6.000	100.000	119
医师数	平均每10万人拥有的医师数	160.828	143.431	1.000	606.000	128
流感免疫率	婴儿中注射流感疫苗的百分比	88.602	13.063	16.000	99.000	108
麻疹免疫率	婴儿中注射麻疹疫苗的百分比	84.171	14.817	35.000	99.000	129
卫生状况	人口中环境卫生状况良好的百分比	63.427	26.111	6.000	100.000	103
洁净水源	人口中使用洁净水源的百分比	80.818	17.938	22.000	100.000	110
识字率	2003年的成人识字率（15岁及以上）	79.059	21.907	12.800	100.000	111
城市化比重	城市人口占总人口的百分比	54.394	22.103	10.000	100.000	130

　　本研究的模型分析将从最简单的模型开始，即只包括唯一的自变量基尼系数（模型1）；在此基础上，将人均GDP及其平方项加入模型1，拟合模型2；最后，模型3包括了其他可能影响基尼系数对预期寿命的效应的变量，如人均公共卫生支出、各种关于公共卫生资源与设施的变量，以及人口教育状况和城市化比重。考虑到人口健康的影响因素在发展中国家和发达国家可能并不相同，本研究还分别针对发展中国家和发达国家样本拟合了上述模型❶。表2.4给出了相应的OLS回归模型拟合结果。

---

❶　由于发达国家样本数过小，相应的模型3未再区分发展中国家和发达国家进行分别拟合。

表 2.4 关于预期寿命的 OLS 回归模型结果(回归系数)

变量名	所有国家			发达国家		发展中国家	
	模型1	模型2	模型3	模型1	模型2	模型1	模型2
基尼系数	−.808*** (.083)	−.462*** (.084)	−.494*** (.106)	−.018 (.075)	−.022 (.079)	−.702*** (.097)	−.441*** (.089)
人均GDP		1.228*** (.182)	3.034* (1.471)		.148 (.164)		2.054*** (.345)
人均GDP的平方		−.019*** (.004)	−.333** (.112)		−.002 (.002)		−.046*** (.012)
人均公共卫生支出			23.408*** (.061)				
医师接生比例			−.081 (.061)				
医师数			.012 (.012)				
肺炎免疫率			.042 (.120)				
麻疹免疫率			−.010 (.096)				
卫生状况			.186* (.071)				
洁净水源			.053 (.071)				
成人识字率			−.001 (.064)				
城市化比重			.069 (.063)				
截距项	99.563*** (3.620)	76.919*** (4.239)	57.671*** (8.445)	79.689*** (2.430)	77.300*** (4.203)	93.817*** (4.369)	73.318*** (4.692)
R^2	.423	.606	.703	.003	.062	.330	.541
N	130	130	87	21	21	109	109

注:括号中数值为标准误差。* $p<0.05$,** $p<0.01$,*** $p<0.001$。

由表2.4的模型拟合结果可见,在模型1中,即没有任何控制变量的情况下,收入不平等(基尼系数)对预期寿命具有非常显著的负效应。在全样本的模型中,基尼系数所对应的回归系数为-0.808,这意味着基尼系数平均每增加10个百分点,相应的人口预期寿命将下降超过8岁。不过,分别对发达国家和发展中国家样本按拟合模型1的结果表明,这种收入不平等对预期寿命的负效应只在发展中国家显著。而对于发达国家来说,基尼系数的模型回归系数接近于零(-0.018),并且不具有统计显著性。在发达国家之间,收入不平等与预期寿命不存在显著关系的发现与威尔金森假说并不一致,因为按照该假说,收入不平等与人口健康的关系在那些完成了疾病类型转变的富裕国家之间应当更为强烈。

由模型2的拟合结果可见,当加入人均GDP及其平方项作为控制变量后,基尼系数对预期寿命的效应大幅变小。对于本研究所包括的所有国家来说,在控制了人均GDP对健康的非线性效应之后,基尼系数对预期寿命的偏回归系数大约为-0.462,仍相当显著。由模型2中人均GDP的一次项的回归系数为正、二次项的回归系数为负可以得出,人均GDP本身对预期寿命具有一定的正效应,不过这一效应是边际递减的,这与既有的研究结果相一致。另外,分别对发达国家和发展中国家样本拟合模型2的结果显示,经济发展水平不同的国家,影响其人口健康的因素存在很大差异。对于发展中国家来说,模型结果基本上与全样本的情况相似,不过人均GDP对预期寿命的正效应在发展中国家之间更为明显。它的偏回归系数为2.054,远远大于全样本模型中的1.228。与之相反,无论是人均GDP还是基尼系数,都无法很好地解释发达国家之间人口预期寿命的差异,相应的回归系数均不显著。针对发达国家样本拟合的模型2的R^2仅为0.06,也即,模型2中的变量联合起来只能解释发达国家人口预期寿命的变动性的6%,这些发达国家之间人口健康的差异主要是由模型所未包括的其他因素造成的。

模型3加入了更多的控制变量,以检验基尼系数对人口预期寿命的负效

第2章 关于收入不平等与健康的国际研究:集合层面的数据

应是否可以被国家间的其他差异所解释。这些控制变量包括人均公共卫生支出、卫生资源状况、免疫率、洁净水源,以及成人识字率和城市化水平等指标。模型3的结果表明,当进一步控制上述变量后,基尼系数对预期寿命的负效应仍然非常显著,其回归系数的绝对值甚至略有上升(模型3中为-0.494,而模型2中为-0.462)。因此,在集合层次上收入不平等与预期寿命的负相关关系不大可能是由于国家间的其他特征差异引起的。此外,独立于人均GDP的效应,人均公共卫生支出对预期寿命具有显著的正效应。这表明,在经济发展水平较低的国家,通过提高人均公共卫生支出有可能迅速改善人口健康状况。阿马蒂亚·森(Sen 2001)对此进行了详细的论证。

为了进一步检验收入不平等数据的可比性问题对于考察收入不平等与人口健康关系可能造成的影响,本章在分析中进一步将那些调整后的基尼系数出入很大的国家(即多个基尼系数之间的标准差大于10个百分点)排除在外[1],重新拟合上述模型。模型拟合结果与包括这些国家的结果非常相似,此处不再赘述。因此,至少就本研究分析的样本而言,基尼系数与预期寿命的负相关关系相当稳健。

健康是一个多维的概念,上文发现的基尼系数与预期寿命的关系是否对其他人口健康指标也适用呢?在本章最后,笔者利用联合国报告中的其他人口健康指标分别作为因变量,以基尼系数、人均GDP及其平方项作为自变量,拟合了相关模型。如前所述,这些人口健康指标共包括两类:第一类为基于死亡率的人口健康指标,包括婴儿死亡率、5岁以下儿童死亡率、40岁以前死亡的预期概率、65岁时分性别的存活概率,以及分性别的预期寿命;另一类指标为非死亡性的健康指标,包括营养不良的人口比重、5岁以下儿童发育不良的比重(体重不足、身高不足),以及低出生体重的婴儿比例。表2.5给出了关于第一类健康指标的模型拟合结果。由表2.5可见,对于这些基于

---

[1] 共有15个国家被排除在外,其中包括8个国家只有一个基尼系数的记录(因而无法计算其标准差)。所有这15个国家均为发展中国家。

死亡率的健康指标,基尼系数均显示出显著的负效应,其结果与上文有关预期寿命的讨论相一致。而对于第二类健康指标(见表 2.6),即非死亡性的健康状况,基尼系数的效应仅对营养不良的人口比重具有显著的效应,而对其他 3 个指标的效应则均不显著。不过,这些模型结果显示,无论是对基于死亡率的人口健康指标,还是其他人口健康指标,人均 GDP 的效应均保持稳定,都表明经济发展水平对健康存在显著的边际递减的正效应。

表 2.5 关于其他基于死亡率的健康指标的 OLS 回归模型结果

变量名	回归系数						
	婴儿死亡率(‰)	5 岁以下儿童死亡率(‰)	40 岁以下死亡的概率	女性 65 岁时的存活概率	男性 65 岁时的存活概率	女性预期寿命	男性预期寿命
基尼系数	.715* (.281)	1.519** (.482)	1.044*** (.185)	-.928*** (.144)	-.651*** (.133)	-.522*** (.089)	-.404*** (.080)
人均 GDP	-4.867*** (.615)	-7.603*** (1.056)	-4.396*** (.823)	1.845*** (.313)	1.721*** (.289)	1.304*** (.195)	1.147*** (.173)
人均 GDP 的平方	.077*** (.014)	.124*** (.023)	.143*** (.036)	-.029*** (.007)	-.023*** (.006)	-.020*** (.004)	-.017*** (.004)
截距项	42.898** (14.248)	45.593 (24.453)	-11.567 (9.524)	97.233*** (7.293)	76.321*** (6.737)	81.457*** (4.533)	72.520*** (4.033)
R^2	.548	.521	.510	.591	.570	.608	.591
N	129	129	81	130	130	130	130

注:括号中数值为标准误差。 $^*p<0.05$, $^{**}p<0.01$, $^{***}p<0.001$。

表 2.6 关于非死亡性的人口健康指标的 OLS 回归模型结果

变量名	回归系数			
	营养不良的人口比重(%)	5 岁以下儿童体重偏低的比例(%)	五岁以下儿童身高偏低的比例(%)	低出生体重的婴儿比例(%)
基尼系数	.268* (.115)	-.102 (.116)	.107 (.111)	.058 (.049)

续表

变量名	回归系数			
	营养不良的人口比重(%)	5岁以下儿童体重偏低的比例(%)	5岁以下儿童身高偏低的比例(%)	低出生体重的婴儿比例(%)
人均GDP	-5.474*** (.765)	-3.411*** (.477)	-4.017*** (.456)	-.521*** (.109)
人均GDP的平方	.231*** (.048)	.077*** (.015)	.087*** (.015)	.008*** (.002)
截距项	24.257*** (5.967)	34.810*** (6.051)	34.610*** (5.743)	11.553*** (2.487)
R^2	.529	.404	.553	.294
N	98	95	92	124

注:括号中数值为标准误差。*$p<0.05$,**$p<0.01$,***$p<0.001$。

2.5 小结与讨论

20世纪90年代初,威尔金森(Wilkinson 1992)提出收入不平等对人口健康具有严重的负面影响。此后,这一领域迅速出现了大量研究,试图证实或证伪威尔金森的结论(Lynch et al. 2004;Wilkinson and Pickett 2006)。本章系统评述了既有研究成果中存在的突出问题,并在以下一些方面进行了新的尝试。首先,本分析着重讨论了基尼系数的国际可比性问题,并提出一种基于随机效应模型的调整方法,以降低数据可比性问题对分析结果的可能影响。其次,本研究使用了1980年以来WIID数据中各国基尼系数的均值来衡量其收入不平等程度,这与以往研究中使用某一年的估计值的做法不同。这样做的理由在于,目前的人口健康水平不仅仅是当前收入不平等程度的函数,它还会受到过去的收入不平等程度的影响,也即存在时滞效应。在我们并不清楚收入不平等对健康的时滞效应的具体形式的情况下,使用简单的均值比使用某一特定年份的值更为合理。再次,本研究包括了目前数据可得的几乎所有国家。不同于过去研究往往仅关注于几十个国家的情况,本分析的国家数量为130个,这几乎涵盖了世界主要国家,因而本研究的分析样本尽可能地避免了样本选择偏差的影响。最后,本研究还考虑了发达国家与发展中国家人口健康的影响因素可能存在的差异,并考察了收入不平等对一系列不同维度的人口健康指标的影响,既包括常用的基于死亡率的人口健康指标如预期寿命,也包括一些非死亡性的人口健康指标如营养不良比例等,这就为更为全面地理解收入不平等与人口健康之间的关系提供了可能。

本章的分析结果表明,从全球范围来看,在集合层次上收入不平等与人口健康存在着明显的负相关关系,这一点对于与死亡率有关的指标(如预期寿命等)尤为突出。此外,本分析所考察的其他国家特征并没有完全解释收入不平等对健康的负效应,这些因素包括人均GDP、人均公共卫生支出、各种反映卫生资源与基础设施的指标,以及成人识字率和城市化水平。这一发现与贝克菲尔德(Beckfield 2004)的研究结果(其固定效应模型部分除外)基本一致,不过本分析中的回归系数相对更大一些,这可能与使用调整后的基尼系数对应的测量误差更小有关。值得注意的是,在将分析样本限定为发达国家时,基尼系数和人均GDP对预期寿命的效应均不再显著。这部分结果与林奇等(Lynch et al. 2000)的结论相符合,他们的分析显示,在富裕国家中,收入不平等与人口健康的关系基本不存在。由此看来,威尔金森(Wilkinson 1992)的早期研究成果很可能是受到了样本选择性偏差的影响。

最后,本分析发现,收入不平等与一些非死亡性的人口健康指标之间的关系尚不明确。本分析共考察了4种非死亡性的健康指标,其中收入不平等仅对营养不良的人口比例具有显著效应,而对体重偏低的儿童比例、身高偏矮儿童比例以及低出生体重的新生儿比例均无显著效应。这一发现到底是因为非死亡性的人口健康指标的测量误差更大,还是因为收入不平等程度只对健康的特定维度有显著影响,这些问题有待于后续研究的进一步考察。

总的来说,收入不平等数据的国际可比性问题仍然是阻碍我们在集合层次上对收入不平等与健康关系的研究得出确定性结论的重要障碍。本分析通过对原始数据的调整试图降低数据可比性问题对研究结果的可能影响,不过,仅仅使用这样一种相对简单的调整方法就试图解决经济学文献中提及的所有问题并不现实。提高国际数据可比性的更为有效的办法不是事后调整,而是在未来的国际调查中尽量采用标准化的程序去收集和处理数据,比如使用相同的关于收入的定义、统一的问卷以及同样的计算策略等。

更为重要的是,在集合层次上存在收入不平等与人口健康的负相关关系本身并不意味着威尔金森假说得到了实证支持。由于问题的分析层次不同,将集合层次上得出的结论直接推广到个体层次上面临着生态谬误(ecological fallacy)[1]的危险。因此,类似本章的集合层次研究无法有效检验威尔金森假说和绝对收入假说。本章研究发现的集合层面上收入不平等与人口健康之间的负相关关系,到底反映了个体收入对个体健康的非线性效应,还是相应发现确实是由于不平等本身对个体健康的损害所引起的?这一问题有待于通过多层分析的方法,同时检验个体收入、收入不平等对个体健康指标的效应才能有效解答。第 3 章章的内容是对此问题的尝试研究。

---

[1] 有关生态谬误的详细介绍,请参见罗宾逊(Robinson 1950)对美国各州文盲率和黑人所占人口比例的经典研究。

第3章 关于收入不平等与自评一般健康的多层分析

3.1 研究背景

在第2章,我们利用全球130个国家集合层面的数据分析了收入不平等与人口健康之间的关系。分析结果显示,在集合层面上,收入不平等与人口预期寿命存在很强的负相关关系。即便是在控制人均GDP、人均公共卫生支出、卫生资源与基础设施等国际差异后,这一关系依然存在,并具有很强的统计显著性。然而,如第2章所述,这种集合层面的发现不足以支持威尔金森假说(Wilkinson 1992,1996,1997,2005,2006)。威尔金森假说认为,收入不平等对健康具有独立的、真实的负效应,这种效应不能被绝对的收入水平差异所解释。收入不平等对健康的损害效应与社会分层的本质有关,也即正是由于社会阶层不平等所产生的社会距离、社会冲突、社会不信任、相对剥夺感,人们的生活才充满紧张、焦虑和长期的压力,进而社会成员的健康状况受损。为了有效检验威尔金森假说,本章将在分层模型的框架下同时分析个体绝对收入水平与社会不平等状况对健康的效应。

与大量在集合层次上考察收入不平等与人口健康的国际比较研究相比,目前利用多层模型进行的国际研究仍比较少见。相对而言,目前关于此问题的多层模型分析大多主要是针对某一国家内部的跨地区比较研究,尤其是美国国内的比较研究。既有的为数较少的国际比较研究也主要考察少数几个欧洲国家,因而这些研究结论的可外推性有待于进一步检验。在本章,笔者将利用目前国际上规模最大的社会调查项目数据,对收入不平等与健康的关系进行多层模型分析,与以往研究使用的数据相比,该数据所包括的国家的范围基本上涵盖了全球的所有角落。本章的具体内容安排如下:第3.2节简要概述既有的针对收入不平等与健康问题的多层分析研究结果;第3.3节介绍本章所使用的数据来源、变量分布以及分析方法;第3.4节是本章的主体部分,详细给出本章多层模型分析的主要研究发现;最后,第3.5节对本章的研究结果进行了简单的总结和讨论。

3.2 既有研究成果

在过去十几年里,越来越多的研究者开始认识到,集合层面研究无法有效地检验威尔金森假说和绝对收入假说。因此,这一阶段利用多层数据和方法考察收入不平等与健康关系的研究开始迅速涌现。相对而言,美国的微观健康调查数据较为丰富,目前很多对威尔金森假说进行检验的多层分析主要是针对美国进行的(如 Fiscella and Franks 1997;Daly et al. 1998;Kennedy et al. 1998;Mellor and Milyo 2002;Subramanian and Kawachi 2003;Lopez 2004;Zimmerman and Bell 2006)。不过,由于这些研究所使用的数据来源、相关变量的测度方法、分析层次,乃至模型拟合策略不尽相同,因而其结果也存在着较大的差异。

费斯切拉和弗兰克斯(Fiscella and Franks 1997)利用美国健康和营养监测调查(the National Health and Nutrition Examination Survey)数据,并结合后续流行病跟踪调查的死亡记录,通过拟合多层考克斯比例风险模型(Multi-level Cox proportional hazard model)分析了美国各县之间收入不平等对个体死亡风险的效应。在这一研究中,收入不平等的测量指标是各县中收入最低的50%人口的总收入占所有人口总收入的比例。分析结果表明,在控制了家庭收入的效应之后,美国各县之间收入不平等程度与个体死亡风险不存在显著关系。因此，费斯切拉和弗兰克斯指出，对于个体的死亡风险来说，绝对物质资源的占有情况（家庭收入）比相对收入（位置）更重要。不过，在他们的分析中，由于使用的关于收入不平等的地区单位（县）过小，这有可能在一定程度上掩饰收入不平等对健康的效应。例如，有研究指出，当所分析的地理范围过小时，一部分收入不平等的效应可能会转化为地区平均收入对健康的效应（Wilkinson 2005；Wilkinson and Pickett 2006）。另外，对于普通大众来说，死亡发生的概率很低，因而关于个体死亡风险的研究往往需要足够大的样本规模才能够具有较好的统计效力（statistical power）。与之相类似，达利等人（Daley et al. 1998）利用美国收入动态跟踪调查（the Panel Study of Income Dynamics, PSID）数据对美国各州的分析同样发现，收入不平等对个体死亡风险不存在显著效应。

梅勒和米利约（Mellor and Milyo 2002）利用1995～1999年美国人口调查（the Current Population Survey, CPS）数据分析了美国各州和各都市（metropolitan areas）之间收入不平等状况对个体自评一般健康的影响。在控制了家庭收入和其他社会人口特征变量之后，收入不平等对个体自评一般健康状况的效应明显变弱，并在各都市的分析中不再显著。在州层次的分析中，当进一步控制了居住区域（region of residence）后，收入不平等的效应也变得不再显著。不过，苏布拉马尼安和河内（Subramanian and Kawachi 2004）对该数据重新进行了分析，并将区域作为多层分析模型的第三个层次。他们的分析结果显示，各州的收入不平等状况对自评一般健康的效应有所减弱，但仍然在统计上显著。因此，苏布拉马尼安和河内认为，梅勒和米利约（Mellor and Milyo 2002）在州层次上所报告的结果主要是由于他们的模型设定不当（model misspecification）所造成的。

与上述研究未发现收入不平等对个体健康的独立效应相反，不少针对美国的研究得出了支持威尔金森假说的证据。肯尼迪等人（Kennedy et al. 1998）根据1993年和1994年美国行为风险因素监测系统（the Behavioral Risk Factor Surveillance System）的数据，拟合了关于个体自评一般健康状况的多层 logistic 回归模型。结果表明,各州的收入不平等状况(由基尼系数表示)对个体自评一般健康的效应相当稳定,即便在控制了家庭收入、人口特征以及其他行为风险因素后仍然显著。该研究估计,平均而言,在美国收入分配差距最悬殊的州居住的居民比在收入分配最平均的州的居民更有可能认为自己的健康状况为"一般或差",前者的概率比后者高 30% 以上。与他们的研究结果相类似的还有洛佩兹(Lopez 2004)以及兹莫尔曼和贝尔(Zimmerman and Bell 2006),前者分析了美国各都市之间的收入不平等对健康的影响,而后者则比较了美国各县的相应情况。苏布拉马尼安和河内(Subramanian and Kawachi 2003)进一步考察了种族构成因素对美国各州收入不平等与个体自评一般健康的关系的可能影响。利用 1995 年和 1997 年的美国人口调查数据,通过拟合多层模型,他们发现即便在控制种族、年龄、性别、教育程度、婚姻状况、收入、就业状况以及健康保险等变量后,各州的收入不平等程度仍然对个体自评健康具有显著效应。进一步控制各州人口中黑人所占比例,上述关系仍然成立。

苏布拉马尼安和河内(Subramanian and Kawachi 2004)回顾了利用多层数据检验威尔金森假说的研究成果。在关于美国的 15 项研究中,有 9 项得出了支持威尔金森假说的结论。苏布拉马尼安和河内通过对比发现,那些实证分析结果与威尔金森假说不一致的研究中,样本量通常都比较小,因而缺乏足够的统计效力观测到收入不平等对健康的显著效应。此外,选择对哪个地域层次上的收入不平等进行研究也很关键。在关于各州的比较研究中,大多都发现了收入不平等对个体健康的显著影响;与之相比,在更低层次的研究中,如美国各都市、各县甚至各社区之间,相应结果则不太一致。

与美国的情况相比,针对其他国家内部的多层研究数量相对较少,其研究结果同样缺乏一致性。例如,利用 1995 年日本居民健康和福利状况综合调查(the 1995 Comprehensive Survey of the Living Conditions of People on Health and Welfare in Japan)数据,涩谷实等人(Shibuya et al. 2002)分析发现,在控制个人收入水平后,地区基尼系数对个体自评一般健康不具有显著效应。类似地,布莱克利等人(Blakely et al. 2003)通过对1991~1994年新西兰的普查数据和死亡登记资料的分析指出,在控制了年龄、种族、城乡、家庭收入以及地区人均收入等变量后,地区收入不平等程度对男性和女性死亡风险均无显著影响。关于丹麦(Osler et al. 2003)和加拿大(Mcleod et al. 2003)的研究也得出了类似的结果。苏布拉马尼安等人(Subramanian et al. 2003)认为,上述多层模型分析之所以未能发现收入不平等对个体健康的显著影响,是因为日本、丹麦、加拿大等国家的收入分配情况比美国均衡得多;事实上,当对比美国贫富差距更为悬殊的国家(智利)进行多层分析时,在控制家庭收入和社区人均收入之后,社区收入不平等程度仍然对个体自评一般健康具有显著的负效应。另外,在关于英国(Weich et al. 2002)、中国(Li and Zhu 2004)和厄瓜多尔(Larrea and Kawachi 2005)等贫富差距较大的国家进行的多层分析中,也发现了收入不平等对个体健康的明显损害。因此,收入不平等对健康的影响可能存在一定的临界点(threshold),即只有当收入不平等程度超出一定的水平后,才会对健康产生独立、真实的负面影响。

与关于国家内部地区间的多层模型分析成果相比,跨国比较研究由于相应分析所需要的数据资料缺乏,因而研究成果极为有限。目前,几乎所有关于国际收入不平等与个人健康关系的多层分析都局限于部分欧洲国家。

利用针对东欧转型国家的晴雨表调查(the New Democracies, New Baltic and New Russia Barometer surveys)数据,波巴克等人(Bobak et al. 2000)运用Logit模型分析了7个东欧国家的个体自评健康情况。研究发现,虽然一国的收入不平等状况对个体自评健康的效应为负,但相应回归系数在统计上并不显著。将个体层次的变量纳入模型加以控制后,收入不平等的效应不再存在。由于该研究所考察的国家数量很少,因而国家层次的收入不平等对个体健康的效应很难达到统计显著性。

帕姆佩尔(Pampel 2002)利用多层模型分析了欧洲晴雨表调查(the Euro-barometer surveys)数据,对15个欧盟成员国居民的吸烟行为差异进行了考察。结果表明,国家收入不平等程度与居民个体吸烟行为之间存在正相关关系,但这一关系并不稳定。当分析中将其中一个国家(希腊)排除在外时,该关系变得不再显著。

利用1994~2001年的欧洲社区家庭户调查(the European Community Household Survey)数据,希尔德布兰德和范克姆(Hildebrand and Van Kerm 2005)比较了10个欧洲国家25~74岁之间居民的个体自评一般健康状况。他们的研究发现,无论对于男性样本还是女性样本,在控制了个体的社会人口特征、收入等变量后,收入不平等程度对个体自评一般健康仍具有显著的负效应;不过,相应效应的强度相对较小。此外,收入不平等对健康的损害效应存在明显的群体差异。当将收入不平等与个体收入变量的跨层交互效应纳入模型后,结果显示,随着个体收入的上升,收入不平等的负效应及其显著性水平均出现下降。出于自评健康指标的跨人群可比性问题的考虑,希尔德布兰德和范克姆提出利用个体自评一般健康指标计算相对疾病计分(relative illness score)的调整方法,他们认为调整后的健康指标更具可比性(详见本章附录部分)。不过,在他们的研究中,利用相对疾病计分进行分析的结果与直接使用个体自评健康指标的分析结果基本一致。艾蒂安等人(Etienne et al. 2007)利用同样的数据和略为不同的分析方法,也得到了相似的结果;他们的研究指出,收入不平等对个体自评健康的效应不受其测量指标的影响,这一结论对多种测度收入不平等的不同指标均成立。

特洛西姆等人(Trosheim et al. 2006)通过对1997~1998年世界卫生组织学龄儿童健康行为联合调查(the World Health Organization Collaborative Health Behavior in School Aged Child Study)数据的分析发现,在参与调查的27个欧洲和北美国家中,来自贫富差距较大的国家的青少年其自评健康状况更有可能为差,这一相关关系即便在控制了家庭的物质和社会资源等差异后仍然存在。

以上关于威尔金森假说的多层实证分析对于我们深刻理解个体收入、收入不平等与健康之间的关系具有重要的意义,不过,这些研究在以下方面仍然存在较为明显的不足。

就特定国家内部地区间的比较研究而言,尽管这些研究受数据可比性问题的影响较小,但是这种研究是否能够有效检验威尔金森假说仍值得进一步探讨。首先,一国内部收入分配的不平等仅占全球范围内收入不平等的很小一部分。例如,考兹恩涅维奇和莫兰(Korzeniewicz and Moran 1997)的研究指出,超过90%的全球收入不平等是由于国际间的收入差异造成的。戈斯林(Goesling 2001)的估计结果有所不同,但是仍然认为全球收入不平等中超过2/3来自于国际间的不平等。对于许多国家来说,国内收入不平等的地区差异往往过小,因而无法检测到收入不平等对健康的效应。其次,与国际人口迁移现象相比,国内的人口流动往往更为频繁;由于收入不平等对健康的影响存在时滞,大量的人口流动过程有可能导致对收入不平等效应的低估。更为严重的是,人口流动现象不是随机的,而是具有选择性的,收入状况和健康水平都是影响人口流迁的重要因素。人口流动到底如何与社会收入分配以及人口健康的地区差异交织在一起,这本身就是很值得深入研究的重要问题。再次,威尔金森假说在理论上强调了社会心理机制对健康的重要性,但是从实证的角度来说,在一国内部如何定义"社会单位"(即进行对比的单位)才有意义值得商榷。例如,在针对美国的相关研究中,现有文献使用的集合单位包括州、都市、县等,到底哪个地域层次上的收入不平等对个体健康的影响更重要,这一点目前尚无定论。威尔金森和皮克特(Wilkinson and Pickett 2006)的综述性研究指出,所考察的集合单位越小,收入不平等与健康的关系就越微弱。在以国家为单位的国际研究中,83%的研究结果支持收入不平等对人口健康的负效应;在以省或州为单位的研究中,相应比例下降为73%;而在以更小地域为单位的研究中,持类似支持性结论的研究只占45%。这一差异模式表明,在对威尔金森假说进行实证检验时,国际比较研究可能比国内跨地区研究更为合适。总之,虽然专门针对一国内部的研究具有其独特的价值,但是毫无疑问,这些研究成果无法完全替代国际研究的重要意义。

目前既有的利用多层数据进行的国际比较研究数量相对较少,而且这些研究同样存在着一定的问题。最为突出的是,这些研究往往只分析了为数较少的几个国家的数据,并且其研究结论受奇异值(包括或剔除其中一个国家)的影响很大。此外,大多研究只局限于欧洲国家,而从全球范围来看,这些国家同质性很强。因此,通过分析部分欧洲国家之间收入不平等与人口健康的关系,其研究结论难以外推到包括世界其他国家和地区的更为一般的情况。

为检验威尔金森假说的一般适用性,本章将利用有关国际大型社会调查数据,通过拟合多层模型,分析更具全球代表性的 50 多个国家之间收入不平等对个体自评健康的影响。

3.3 数据与方法

3.3.1 数据来源

为了使分析样本涵盖尽可能大的地理范围、对全球更大范围具有代表性,本章的分析主要使用两个大型国际社会调查的数据,分别为欧洲社会调查(the European Social Survey, ESS)和世界价值观调查(the World Values Survey, WVS)。

欧洲社会调查是一项针对欧洲 20 多个国家进行的大型国际调查项目,由于该项目重点强调数据质量和测量指标的跨人群可比性,因而相应数据成为近年来国际比较研究的重要数据来源。欧洲社会调查项目每两年进行一次,首期调查在 2002～2003 年进行,共有 21 个国家参与;第二期调查在 2004～2005 年进行,参与国家的数量增加到 25 个。该项目的样本国家几乎涵盖了欧洲的所有地区,包括西欧、中欧国家,以及北欧和东欧各国。在第二期欧洲社会调查中,每个国家的样本量大约在 1500～2000 个,各国的应答率(response rate)在 50%～80%。欧洲社会调查收集的数据资料非常丰富,与本研究考察内容相关的变量包括被访者的年龄、性别、种族、婚姻状况、家庭收入以及自评一般健康状况等。因此,第二期欧洲社会调查为本章分析欧洲国家的情况提供了重要的数据资料。

对于欧洲以外世界其他国家的情况,本研究主要使用世界价值观调查数据。❶截至本研究分析时间,世界价值观调查项目中公共可得的最新的一期为 2000 年左右进行的调查,该项目共有 40 多个国家参与,其中多为非、欧洲国家。与欧洲社会调查项目相类似,世界价值观调查项目也收集了被访者的自评一般健康、基本社会人口特征以及家庭收入等信息。与欧洲社会调查相比,世界价值观调查在各项目参与国使用的调查设计和问卷并不完全一致,部分国家所提供的数据说明也不够完整。尽管如此,这些数据仍然为我们对收入不平等和个体健康的关系进行多层分析提供了可能。事实上,世界价值观调查正在被广泛地应用于各类跨国比较研究,例如关于各国主观幸福感和生活满意度等方面的研究(Ball and Chernova, 2005; Haller and Hadler 2006; Stevenson and Wolfers 2008)。

由于本研究所使用的数据来源不同,两个项目提供的数据信息不尽相同,例如有些数据信息只在其中一个项目中进行了收集,还有一些信息虽然两个调查都进行了收集,但是具体问题的设计和编码方式却不相同,因而数据资料的可比性受到限制❷。鉴于此,本章的分析主要使用那些测量方式相同或者相互之间可以进行简单转换的变量。

3.3.2 变量描述

1. 自评一般健康

自评一般健康是本部分分析的因变量,该变量的操作化方式是询问被访

---

❶ 实际上,世界价值观调查本身还包括一项专门针对欧洲国家的子项目,即欧洲价值观调查(the European Values Survey, EVS)不过,对应 2000 年度的欧洲价值观调查并未收集被访者的自评一般健康等信息。

❷ 例如,两个项目都收集了关于社会信任的信息,但是欧洲社会调查使用的是一个 10 点的评定尺度,而世界价值观调查使用的是 4 个类别的定序选项。

者自己感觉的总体健康情况,通常使用3~5个定序类别的选项来量化测度。自评一般健康是健康研究中最常用的指标之一。大量研究表明,自评一般健康是能够有效地测度个体健康状况,它对个体的死亡风险具有很强的预测力(Idler and Benyamini 1997;Benyamini and Idler 1999;Frankenberg and Jones 2004)。不过,对于自评一般健康的跨人群可比性、在国际比较研究中的有效性,目前学术界仍存在争议(Mathers 2003)。有研究认为,自评健康指标在不同社会、文化背景下含义不同,因而不适于进行跨人群、跨社会的比较研究(如Sadana et al. 2002;Sen 2002)。关于此问题的详细讨论,我们将留在本书第4章。毋庸置疑,自评一般健康指标反映了关于个体健康状况的重要信息,而且个体对健康的主观感知本身也是健康研究的重要内容。

  欧洲社会调查与世界价值观调查中自评一般健康的量化测度有所不同。具体来说,在世界价值观调查数据中,大多数国家使用了4个分类的测度(很好、好、一般、差)❶,而在欧洲社会调查中则使用了5个分类的测度(很好、好、一般、差、很差)。

  一般来说,我们可以合理地假定那些回答自己健康状况"很差"的被访者在该类别不存在的情况下会选择"差"。在这一假定条件下,欧洲社会调查所使用的五分类测度可以简单转化为世界价值观调查所使用的四分类测度,即将五分类测度中的最后两个类别("差"和"很差")进行合并。事实上,从调查结果来看,被访者自评一般健康状况为"很差"的情况很少(在任何国家均不超过4%)。不过,这种事后的重编码是否等价于在调查中对所有被访者使用一致的测量工具?更为具体地,在诸如自评一般健康这种定序评定尺度的测量指标中,人们在面对奇数个可选类别时会不会更倾向于选择位于中间的那一个选项?这一问题需要进行系统考察。由于西班牙与土耳其既参与了欧洲社会调查项目,也参与了世界价值观调查项目,因而我们可以利

---

❶ 在参与2000年世界价值观调查的国家中,只有阿根廷和约旦的调查数据包括了"非常不健康"的选项。

用这两个国家的相应数据来检查这种选项设定的差异对被访者健康自评结果的可能影响。

表3.1分别给出了在欧洲社会调查和世界价值观调查中西班牙与土耳其两国样本的自评一般健康的分布情况。对土耳其来说，无论是使用四分类的选项还是使用五分类的选项，自评一般健康的样本分布基本相似，只不过在前一种情况下选择"很好"的比例稍高，而在后一种情况下选择"好"的比例更大一些。西班牙的情况却有所不同。在世界价值观调查的数据中，选择"很好"和"好"的样本比例都比欧洲社会调查中的相应比例更高；相反，世界价值观调查中选择"一般"和"差"的样本比例则都比欧洲社会调查偏低。

表3.1 在不同调查中西班牙和土耳其的自评一般健康的样本分布(%)

自评一般健康	样本来源			
	西班牙(ESS)	西班牙(WVS)	土耳其(ESS)	土耳其(WVS)
很好	14.62	17.22	11.22	16.35
好	48.35	57.52	48.99	45.22
一般	28.07	20.46	29.31	27.67
差	8.02	4.80	9.19	10.76
很差	0.94	—	1.30	—
合计	100	100	100	100
N	1272	958	1382	2667

注：ESS，欧洲社会调查；WVS，世界价值观调查。

接下来，我们对表3.1的样本分布进行分析，以考察上述样本分布差异是不是由两项调查中样本构成的差异造成的。通过对样本的年龄、性别、教育程度、婚姻状况以及家庭收入等变量加以控制，以自评一般健康为因变量，以一个区分世界价值观调查和欧洲社会调查的虚拟变量为核心自变量（其定义如下：如果样本取自欧洲社会调查，该变量赋值为"1"；如果样本取自世界价值观调查,该变量赋值为"0"),分别对西班牙和土耳其的样本拟合模型。表 3.2 给出了有关模型的拟合结果。由表中拟合的系数可见,对于西班牙来说,无论是使用多类别 Logit 模型,还是使用定序 Logit 模型,模型结果一致表明两个样本的自评一般健康状况存在显著差异,欧洲社会调查的被访者所报告的自评一般健康明显不及世界价值观调查的相应结果。与之相反,在对土耳其的分析中,多类别 Logit 模型显示两个调查样本的自评健康状况存在一定差异,但是定序 Logit 模型中代表样本来源的虚拟变量的回归系数接近于零且在统计上并不显著,即定序 Logit 模型结果支持二者的健康分布不存在明显差异。由于两个国家的模型分析结果并不一致,因而我们在这里很难对使用不同测度方式对个体自评一般健康的实质性影响得出明确的结论。在本章以下的分析中,仅保留了欧洲社会调查中有关西班牙和土耳其的样本,并将世界价值观调查中的相应样本排除在外❶。

2. 个体层次的自变量

在本章的分析中,个体层面的自变量主要包括年龄、性别、教育程度、家庭收入和婚姻状况。在部分模型分析中,还进一步控制了少数民族以及与朋友/同事聚会的频率。

欧洲社会调查和世界价值观调查的目标总体都是参与国家中 15 岁及以上的人口。不过,考虑到与既有研究结果之间的可比性(Mellor and Milyo 2002;Hildebrand and Van Kerm 2005),本研究将分析样本的年龄限定在 25 ~ 74 岁之间。

在 2000 年度的世界价值观调查中,教育程度是通过询问每个被访者所完成的最高受教育水平来测度的。在欧洲社会调查中,大多数国家既询问了最高受教育水平,也询问了受教育年限。不过,对于英国,该调查只询问了受教育年限。为保证分析数据的一致性,本研究先将英国样本中的受教育年限

---

❶ 本研究也尝试了将这些样本都包括在分析中,对西班牙和土耳其的不同来源的数据分别加以合并。不过,其分析结果与本章接下来所给出的结果非常相似。

重新编码为以下 5 个定序类别:小学及以下(受教育年限为 0～6 年)、初中(7～9 年)、高中(10～12 年)、大专(13～15 年),以及大学本科及以上(16 年及以上)。对于欧洲社会调查中其他国家的样本,也对最高受教育水平按照上述 5 种类别进行了合并与重新划分。

表 3.2　关于不同类别选项对自评一般健康影响的模型分析结果

模　型	国　家	
	西班牙	土耳其
多类别 Logit 模型		
很好 VS. 一般	-.648***	-.303*
	(.167)	(.121)
好 VS. 一般	-.644***	.098
	(.124)	(.084)
差/很差 VS. 一般	.478*	-.316*
	(.211)	(.129)
定序 Logit 模型	.588***	-.013
	(.093)	(.065)
N	2199	3978

注:(1)括号中数值为标准误差。$^*p<0.05,^{**}p<0.01,^{***}p<0.001$。模型中的其他控制变量包括年龄、性别、教育程度、家庭收入以及婚姻状况;
(2)自变量为反映样本来源的虚拟变量(欧洲社会调查赋值为"1";世界价值观调查赋值为"0")。

与其他变量相比,家庭收入的情况要复杂得多。按照世界价值观调查的设计,被访者要在 10 个定序类别中选出最符合其家庭收入状况的类别,这些类别的上下限在各国中并不一致。这种测度方法本身对国际比较研究造成了一定的问题。首先,对于许多国家,如波多黎各、尼日利亚、巴基斯坦、菲律宾、坦桑尼亚、孟加拉国、印度尼西亚、越南、伊朗、伊拉克、吉尔吉斯斯坦等,数据和编码文件中关于各个类别的具体上下限信息缺失;其次,在有些国家中,该变量取值存在较大比例的缺失值(如墨西哥样本中相应信息缺失的比例为 21%,乌干达为 37%,摩洛哥为 38%);再次,有两个国家样本的家庭收

第3章 关于收入不平等与自评一般健康的多层分析

入取值的分布不足 10 个类别,其中,乌干达只有 7 个类别,而吉尔吉斯斯坦只包括 9 个类别。与世界价值观调查所使用的测度不同,欧洲社会调查对所有的参与国家都统一使用了划分标准完全一致的 12 个家庭收入类别,以供被访者选择。❶ 但在欧洲社会调查中,家庭收入的缺失情况甚至更加严重。例如,缺失的样本比例超过 30% 的国家就有 7 个,分别为奥地利(40%)、捷克(33%)、西班牙(35%)、希腊(32%)、卢森堡(34%)、葡萄牙(38%)及斯洛伐克(35%)。此外,世界价值观调查所询问的是家庭总收入,而欧洲社会调查则要求被访者回答税后以及经过各种折减之后的家庭纯收入的情况。

鉴于数据中存在的上述问题,构建一个关于家庭收入的可比的连续变量非常困难,相对而言,利用各收入组的相对排序,构建有关各国家庭收入的四分位组测度是一种现实可行的方法,这种方法在尽可能地保留收入排序信息的同时,使各国的家庭收入测度具有可比性。考虑到一些国家家庭收入缺失比较严重的情况,本分析中加入一个专门的类别来表示相应信息缺失的样本。❷ 由于乌克兰的样本中,第一个收入类别就占了总样本的 67% 以上,因而难以构建四分位组。对此,本研究对乌克兰样本只包括了两个收入类别,其中以第一个类别作为家庭收入的第一个四分位组,而将余下类别合并后作为家庭收入最高的四分位组。

既有一些针对美国地区之间的比较研究(Deaton and Lubotsky 2003;Subramanian and Kawachi 2003;Ram 2005)提到,在分析收入不平等与健康的关系时控制种族十分重要。从因果推断的角度来看,种族对收入和健康的分布可能都具有影响,而且它发生在二者之前,因而有必要加以控制。但在世界价值观调查的样本中,有些国家没有包括种族的问题或者所选中的样本都

---

❶ 这种做法同样存在问题。例如,数据显示,超过 67% 的乌克兰被访者的家庭收入落在了第一个类别,即最低的情况。

❷ 关于缺失数据(missing data)的处理,有许多统计方法可供选择,如多元随机插值法(multiple imputation)等。有兴趣的读者,可参见埃里森(Allison 2001)。然而,当缺失机理不清楚时,任何的插值方法都有可能导致偏误(Paul et al. 2003)。

属于同一个种族。❶ 这些国家大多是单民族国家或者一个民族在人口中占绝对多数。在欧洲社会调查中,调查并未收集被访者的具体种族信息,而是通过一个二分类变量来区分每个被访者是否在所在国属于少数民族。由于种族构成因国家而异,很难对其进行统一的编码。❷ 在这里,笔者只是通过一个代表少数民族的虚拟变量来对种族的问题加以控制,并分别拟合包括和不包括该变量的模型以检验结果的稳定性。

最后,欧洲社会调查和世界价值观调查都询问了被访者与朋友/同事进行聚会的频率,以此来反映被访者的社会网络关系及融入程度。由于通过截面数据很难分辨该变量与个体健康之间因果关系的方向,因此本研究在拟合模型时同样考虑了控制和不控制该变量的两种情况。

3. 国家层次的自变量

在国家层面上,本章的分层模型分析中仍然使用上一章在进行集合层面分析时所构建的国家特征变量,包括基尼系数等,并将这些变量按照国家与微观个体数据进行了匹配。相应变量的具体定义及其统计分布情况可参见第2章的表2.3。

在欧洲社会调查和世界价值观调查的样本国家中,部分国家相应的收入不平等指标(基尼系数)缺失,这些国家包括阿根廷、波多黎各、冰岛、塞尔维亚、黑山、伊拉克及沙特阿拉伯。此外,在以色列、新加坡和委内瑞拉的调查中,个体自评一般健康的信息缺失。由于这些数据缺失的问题,本章的多层模型分析共包括来自53个国家的样本。❸ 本章的附录3A提供了分析样本国家的完整列表。

---

❶ 这些国家包括阿根廷、韩国、波多黎各、中国、土耳其、坦桑尼亚、摩洛哥、伊朗、阿尔及利亚、日本、塞尔维亚和黑山。

❷ 王和梅森(Wong and Mason 1991)对此类问题进行了深入探讨,并给出了在多层分析中拟合类似种族这种因群组而异的变量的主效应的方法。

❸ 其中部分模型的国家样本数为52个,这是因为马其顿的人均公共卫生支出等统计资料缺失。

3.3.3 方法

一般来说,关于自评一般健康的最常见的分析策略是将其多个定序类别加以合并,构建一个二分类变量(例如,一类为"很好/好";另一类为"一般/差"),然后对该二分类变量拟合模型。相应的多层分析模型的一般形式可由下列两个方程来表示:

$$H_{ij} = \beta_{0j} + \sum_k \beta_{jk} X_{kij} \qquad (3.1)$$

$$\beta_{0j} = \eta_{00} + \sum_m \eta_{om} Z_{mj} + \alpha_{0j} \qquad (3.2)$$

其中,H_{ij}表示来自第j个国家(地理单位)的第i个被访者自评一般健康为"很好/好"的 Logit(或 Probit);X_{kij}和Z_{mj}则分别表示个体层次与国家层次上的协变量。这个模型同时考察个体特征(如年龄、性别、教育程度、家庭收入等)和国家特征(如基尼系数、人均 GDP 等)对个体健康的效应。当个体收入以及其他有关变量被有效控制后,如果所拟合的收入不平等指标对个体健康的效应为零,这就表明实证结果不支持威尔金森假说。在这个模型框架下,可以通过将β_{jk}表示为Z_{mj}的函数来进一步考察可能的跨层交互效应。

在本研究使用的数据中,因变量个体自评一般健康共包括 4 个类别,对其进行二分化处理的方式有三种(很好 VS. 好/一般/差;很好/好 VS. 一般/差;以及很好/好/一般 VS. 差)。为了避免选择其中任一合并方式时所造成的随意性,本研究分别对三种不同的合并方式所产生的二分类变量进行模型分析,并对所拟合的结果加以比较❶。由于不少研究(如 Hildebrand and Van Kerm 2005;Etienne et al. 2007)强调男性和女性在评价自身健康时存在系统性差异,因而有必要对分性别的样本进行单独分析。不过,本文的初步数据

---

❶ 还有另外一种分析方法是针对个体自评一般健康的所有类别拟合定序 Logit/Probit 模型。不过,这类定序模型往往需要较强的假定条件,如效应成比例(proportionality)假定,即相应协变量的效应在因变量的所有类别之间保持一致。自评一般健康的各类别并不满足这一假定,如本章接下来的分析结果所示。此外,尽管有可能拟合放松有关假定条件的更一般性的定序模型(Williams 2006),但其所对应的多层模型形式仍有待于进一步研究。

分析结果显示,分别对男女样本拟合模型所得结果不存在实质性差异,因而为避免重复讨论,这里只给出针对所有样本的模型拟合结果。

此外,针对关于自评健康指标缺乏跨人群可比性的批评,希尔德布兰德和范克姆(Hildebrand and Van Kerm 2005)提出了一种利用残差化处理(residualization)增强可比性的方法。本研究的分析显示,该方法存在较大的局限性,关于该方法的详细介绍将留在本章的附录3B,这里不再赘述。

3.4 主要研究发现

3.4.1 自评一般健康的跨人群可比性

不少研究指出,自评健康状况除了受个人的"真实"健康水平的影响之外,它还受到一个社会的健康标准、期望和文化的影响,这些因素可能在不同人群中存在系统性差异(Sadana et al. 2002)。因此,在对自评一般健康进行模型分析之前,有必要首先考察一下自评健康指标的国际可比性问题。在个体层次上,大量研究表明,自评一般健康与死亡风险之间存在很强的相关关系(Idler and Benyamini 1997;Benyamini and Idler 1999);在国家层面上,如果各国居民的总体自评健康状况与人口预期寿命存在一定的相关性,那么一定程度上我们可以将此视为自评一般健康指标具有跨国可比性的证据。基于此种思路,在本章接下来的篇幅中,本研究首先分析数据所包括样本国家中自评一般健康与预期寿命的关系,以检验使用自评健康指标进行国际比较研究的可行性和有效性。

图3.1展示了各国自评一般健康为"很好"的调查样本比例与人口预期寿命的散点图,这些样本比例已对相应样本的年龄和性别构成进行了标准化调整以保证其可比性。与上述预期的情况相反,图3.1显示,各国自评一般健康为"很好"的样本比例与预期寿命之间没有明显的相关关系。不过,从图中不难看出,样本中少数非洲国家在相当程度上左右着自评一般健康与预期寿命

第3章 关于收入不平等与自评一般健康的多层分析

的整体关系。这些非洲国家包括尼日利亚、南非、坦桑尼亚、乌干达和津巴布韦。在这5个国家中,自评一般健康状况为"很好"的样本比例非常高,但是相应的预期寿命却非常低(均在60岁以下)。当在样本中将这些奇异值(outliers)剔除后,自评一般健康为"很好"的比例与人口预期寿命表现出比较强的正相关关系($r=0.549$),如图3.2所示。如果我们将分析样本仅仅限定为欧洲社会调查的参与国,那么这种自评一般健康与预期寿命的正相关关系变得更强($r=0.630$)。究其原因,其一,这些欧洲国家的文化和历史较为相似,因而其自评健康指标的可比性也可能更强;其二,欧洲社会调查的质量控制总体优于世界价值观调查,相应的各种误差可能更低。图3.3给出了欧洲社会调查各国的自评一般健康为"很好"的样本比例与人口预期寿命的散点图。

当将上述分析中关于自评一般健康的样本比例由"很好"改为"很好/好"或者"很好/好/一般"的比例时,相应结果基本保持一致。其中,欧洲社会调查各国中自评一般健康为"很好/好/一般"的样本比例与人口预期寿命之间相关关系最强($r=0.814$)。图3.4至图3.9展示了相应的结果。

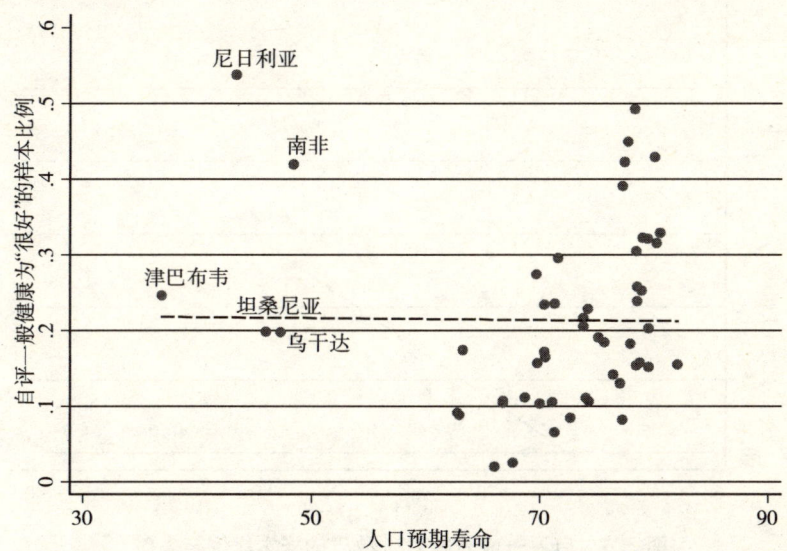

图3.1 自评一般健康为"很好"的样本比例与人口预期寿命的散点图(所有国家)
注:其中样本比例已对年龄和性别构成进行了标准化调整($N=53, r=-0.01$)

收入不平等与健康

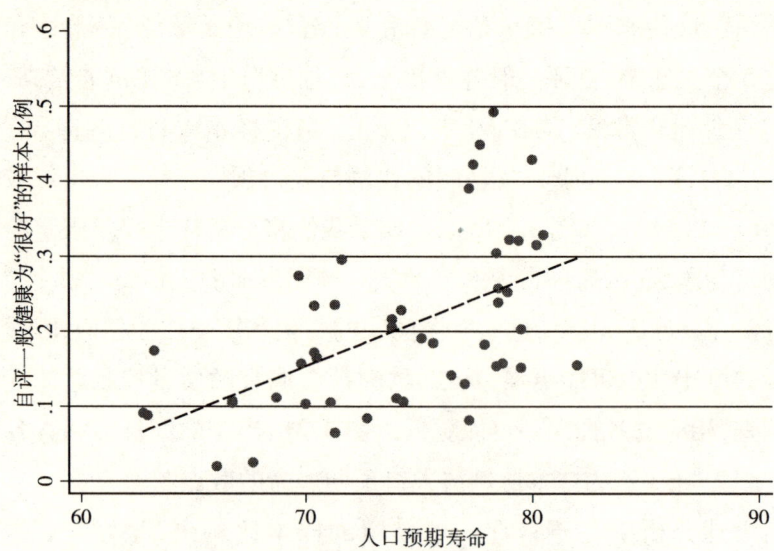

图3.2　自评一般健康为"很好"的样本比例与人口
预期寿命的散点图(5个非洲国家除外)

注:其中样本比例已对年龄和性别构成进行了标准化调整($N=48, r=0.549$)

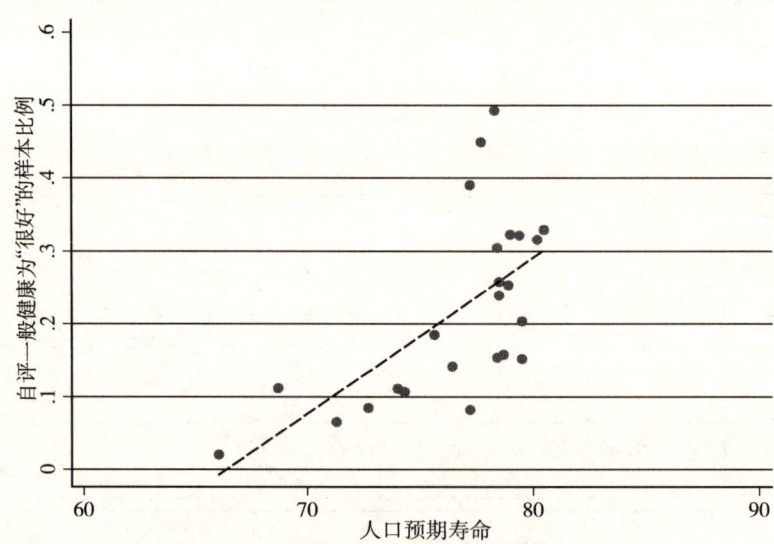

图3.3　自评一般健康为"很好"的样本比例与人口
预期寿命的散点图(欧洲社会调查国家)

注:其中样本比例已对年龄和性别构成进行了标准化调整($N=24, r=0.630$)

第3章 关于收入不平等与自评一般健康的多层分析

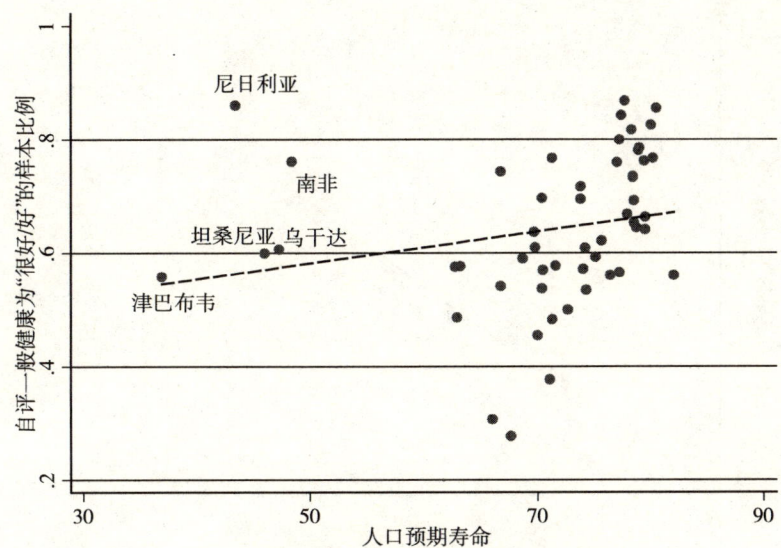

图 3.4 自评一般健康为"很好/好"的样本比例与人口
预期寿命的散点图(所有国家)

注:其中样本比例已对年龄和性别构成进行了标准化调整($N=53$, $r=0.21$)

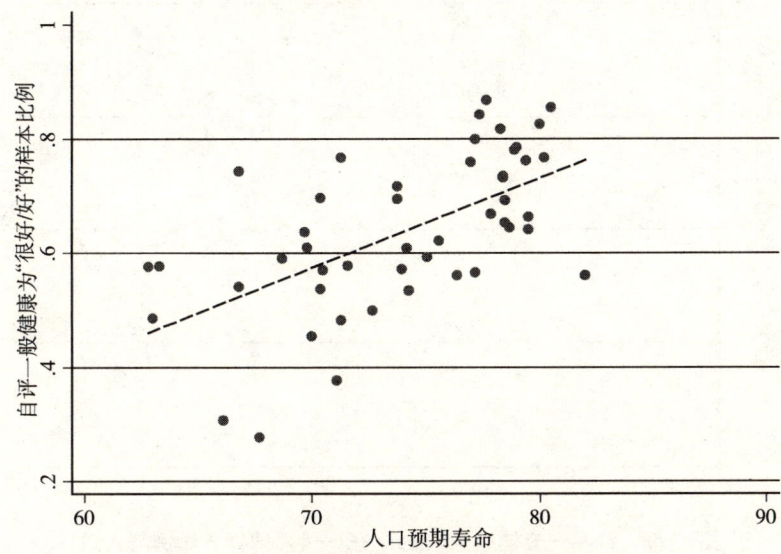

图 3.5 自评一般健康为"很好/好"的样本比例与人口
预期寿命的散点图(5个非洲国家除外)

注:其中样本比例已对年龄和性别构成进行了标准化调整($N=48$, $r=0.593$)

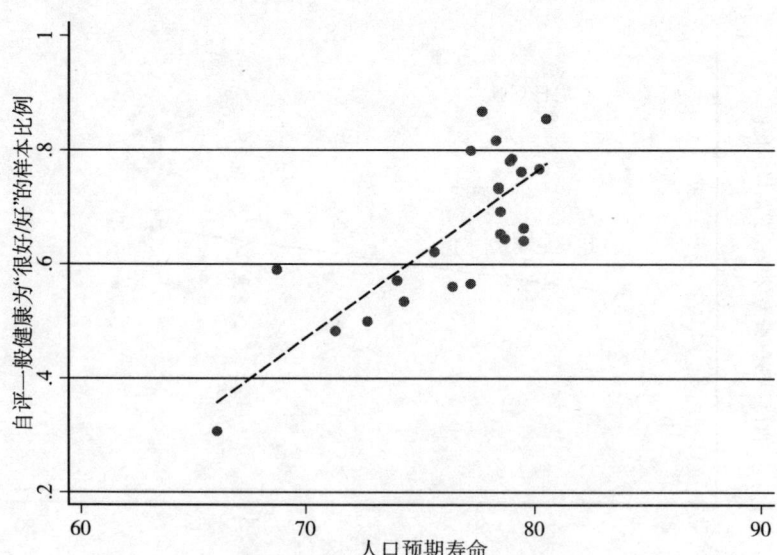

图 3.6 自评一般健康为"很好/好"的样本比例与人口
预期寿命的散点图(欧洲社会调查国家)

注:其中样本比例已对年龄和性别构成进行了标准化调整($N=24$, $r=0.795$)

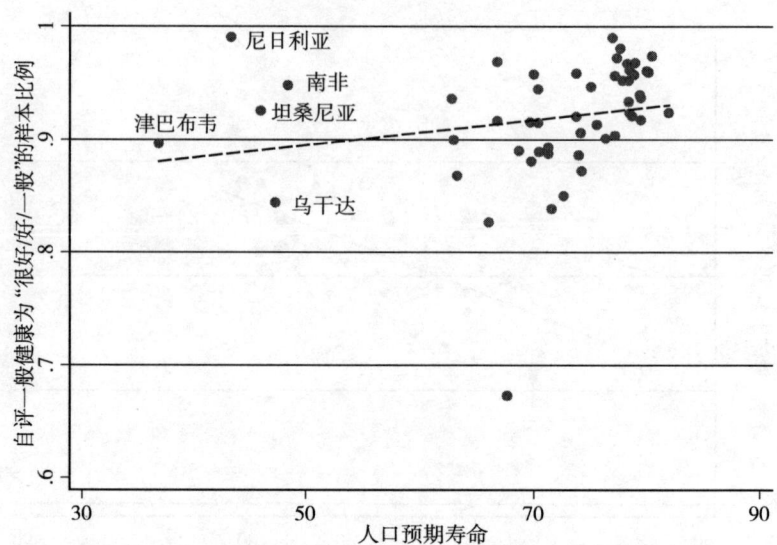

图 3.7 自评一般健康为"很好/好/一般"的样本比例与人口
预期寿命的散点图(所有国家)

注:其中样本比例已对年龄和性别构成进行了标准化调整($N=53$, $r=0.214$)

第3章　关于收入不平等与自评一般健康的多层分析

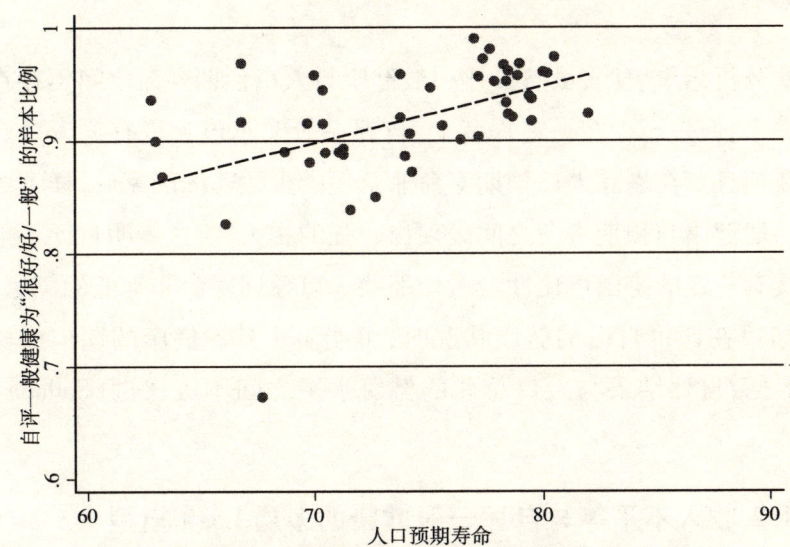

图3.8　自评一般健康为"很好/好/一般"的样本比例与人口预期寿命的散点图(5个非洲国家除外)

注:其中样本比例已对年龄和性别构成进行了标准化调整($N=48$, $r=0.487$)

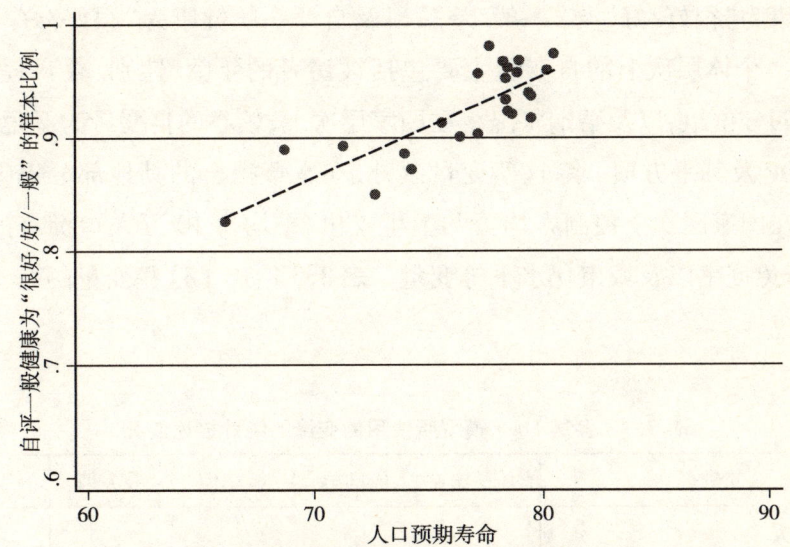

图3.9　自评一般健康为"很好/好/一般"的样本比例与人口预期寿命的散点图(欧洲社会调查国家)

注:其中样本比例已对年龄和性别构成进行了标准化调整($N=24$, $r=0.814$)

这些分析结果表明,虽然自评一般健康与人口预期寿命之间不存在完全的相关关系,但是至少在一定程度上,自评一般健康包含了有关人口健康状况的重要信息。在剔除人口预期寿命非常短的少数非洲国家后,样本中各国的自评一般健康与预期寿命之间表现出较强的相关性,这表明自评一般健康总体上具有一定的跨国可比性。对于那些人口预期寿命非常低的国家,这些国家的居民在评价自己的健康状况时,可能由于其对健康的期望或标准较低,因而导致自评结果与人口总体的健康水平之间不成比例(Sadana et al. 2002)。

3.4.2 收入不平等与自评一般健康的多层 Logit 模型

如3.3节所述,根据自评一般健康的初始测度选项,这里共构建了3个二分类的结果变量,分别为:自评一般健康为"很好"与"好/一般/差";自评一般健康为"很好/好"与"一般/差";以及自评一般健康为"很好/好/一般"与"差"。个体层次上的自变量主要包括被访者的年龄、性别、教育程度、家庭收入四分位组,以及婚姻状况。在国家层次上,核心的自变量为基尼系数、人均GDP及其平方项。除这些变量以外,在本章拟合的其他部分模型中还尝试了在国家层次上控制人均公共卫生支出、平均每10万人口拥有的医师数、麻疹免疫率以及城市化水平等变量。表3.3给出了这些变量的基本统计分布情况。

表 3.3　多层 Logit 模型所使用的变量的统计描述情况

变量名	均值/比例	标准差	最小值	最大值	N
个体层次					
自评一般健康					
很好	.221	—	.000	1.000	70114

续表

变量名	均值/比例	标准差	最小值	最大值	N
好	.429	—	.000	1.000	70114
一般	.274	—	.000	1.000	70114
差	.077	—	.000	1.000	70114
年龄	45.097	13.500	25.000	74.000	70114
年龄的平方	2215.944	1294.405	625	5476	70114
男性	.480	—	.000	1.000	70076
教育程度					
小学及以下	.258	—	.000	1.000	69808
初中	.160	—	.000	1.000	69808
高中	.336	—	.000	1.000	69808
大专	.150	—	.000	1.000	69808
大学本科及以上	.095	—	.000	1.000	69808
家庭收入					
第一个四分位组	.180	—	.000	1.000	70114
第二个四分位组	.207	—	.000	1.000	70114
第三个四分位组	.212	—	.000	1.000	70114
第四个四分位组	.253	—	.000	1.000	70114
相应信息缺失组	.148	—	.000	1.000	70114
婚姻状况					
未婚	.168	—	.000	1.000	69911
已婚/同居	.696	—	.000	1.000	69911
离婚/丧偶/分居	.137	—	.000	1.000	69911
少数民族	.099	—	.000	1.000	69309
与朋友、同事聚会的频率					
每周1次或更多	.516	—	.000	1.000	69613
每月1~2次	.324	—	.000	1.000	69613

续表

变量名	均值/比例	标准差	最小值	最大值	N
少于每月1次	.115	—	.000	1.000	69613
从不	.045	—	.000	1.000	69613
国家层次					
基尼系数	36.766	9.100	22.150	67.829	53
人均GDP（千美元）	15.253	13.444	.621	62.298	53
人均GDP的平方	409.986	643.931	.386	3881.04	53
人均公共卫生支出（千美元）	1.207	1.226	.031	5.274	52
每10万人口的医师数	210.654	131.747	2	549	52
麻疹免疫率(%)	88.434	11.969	35	99	52
城市人口所占比重(%)	61.006	19.482	12.3	97.2	52

注：世界价值观调查中的土耳其和西班牙样本未包括在内。有关国家层次变量的具体定义，请参见第2章的表2.3。

为了检验威尔金森假说，本章对每一个二分类结果变量分别拟合了一组多层Logit模型。其中，模型1包括了个体层次上的年龄、性别、教育程度、家庭收入和婚姻状况等变量，而在国家层面上仅包括了基尼系数；模型2在国家层面上进一步加入了人均GDP及其平方项；模型3则加入了基尼系数与家庭收入之间的跨层次交互项，以考察基尼系数对个体健康的效应是否存在群体差异；模型4包括了更多的控制变量，如个体层次上的种族和与朋友（同事）聚会的频率，以及国家层次上的人均公共卫生支出等变量。表3.4至表3.6分别给出了对自评一般健康取值进行不同分组合并后的模型拟合结果。

表3.4显示的是针对所有国家中被访者自评一般健康为"很好"而不是其他类别的多层Logit模型的拟合结果。在个体层面上，年龄对健康存在非常显著的效应，随着年龄的上升，个体健康状况不断恶化。在控制其他变量取值不变的情况下，模型结果表明，男性被访者对自我健康状况的评价普遍

好于女性，这一现象与以往的研究发现相一致（如 Sadana et al. 2002；Hildebrand and Van Kerm 2005）。当然，这一结果并不一定反映两性之间的真实健康差异，而更有可能是因为男女两性对健康的认知与表达方式不同所致的。此外，模型分析结果显示，社会经济地位指标，如教育程度和家庭收入，均与个体自评健康状况存在显著的正相关关系，这一点与大量有关健康的社会分层研究文献相一致。婚姻状况同样对健康具有重要的影响，给定其他变量的取值，已婚或同居的被访者的自评健康为"很好"的可能性明显高于未婚的被访者。不过，这到底是反映婚姻本身对健康的保护效应，还是婚姻对健康的选择效应（即健康状况好的个体更容易组成并维系家庭），对这一关系的探讨很难通过截面数据来进行，也不是本研究考察的重点。

在国家层面上，本分析最为关注的是基尼系数与个体自评一般健康之间的关系。不过，在各模型的拟合结果中二者的关系并不一致。当对人均 GDP 及其平方项加以控制后，基尼系数对自评一般健康的回归系数在统计上显著，但是其方向却与威尔金森假说所预测的正好相反（表 3.4 的模型 2）。该模型结果表明，收入不平等对个体自评一般健康具有正效应。这一结果显然与任何理论均不一致，可能的原因是数据中少数奇异值对模型拟合影响过大，正如我们在上一小节分析各国自评一般健康与人口预期寿命的关系时所发现的少数预期寿命极低的非洲国家。在模型 2 中，人均 GDP 对个体自评一般健康具有显著的效应，表明即便在控制了个体层面的社会经济因素和其他变量后，相对富裕的国家中，其成员的健康状况仍然优于相对贫穷的国家。模型 3 在模型 2 的基础上进一步包括了基尼系数与家庭收入之间的跨层交互项，以检验收入不平等对个体健康的损害效应是否在社会底层群体中更加明显，不过，模型拟合结果并不支持这样的假设。在模型 4 中，当对更多的个体层面和国家层面的变量进行控制之后，人均 GDP 对个体自评健康的效应强度有所削弱，且在统计上不再显著。在控制其他变量后，少数民族成员的自评健康状况显著低于其他社会成员；是否经常性地与朋友或同事聚会与个体自评一般健康关系密切，在社会交往中更加活跃的个体其自评健康状况也明显更好。不过,关于社会交往频度与个体自评健康状况的因果关系作用方向仍有待于进一步的研究探讨。

表 3.4 自评一般健康"很好"的多层 Logit 模型结果(所有国家)

变量名	回归系数			
	模型 1	模型 2	模型 3	模型 4
个体层次				
年龄	-.037*** (.006)	-.038*** (.006)	-.038*** (.006)	-.036*** (.006)
年龄的平方	.00004 (.00006)	.00005 (.00006)	.00005 (.00006)	.00004 (.00006)
男性	.166*** (.020)	.167*** (.020)	.166*** (.020)	.140*** (.020)
教育程度				
小学及以下	—	—	—	—
初中	.156*** (.036)	.154*** (.036)	.161*** (.036)	.145*** (.036)
高中	.315*** (.031)	.313*** (.031)	.319*** (.032)	.294*** (.032)
大专	.532*** (.037)	.529*** (.037)	.532*** (.037)	.495*** (.038)
大学本科及以上	.504*** (.041)	.503*** (.041)	.508*** (.041)	.483*** (.042)
家庭收入				
第一个四分位组	-.551*** (.034)	-.551*** (.034)	-.767*** (.137)	-.712*** (.139)
第二个四分位组	-.379*** (.030)	-.379*** (.030)	-.483*** (.123)	-.469*** (.125)
第三个四分位组	-.256*** (.028)	-.256*** (.028)	-.169 (.114)	-.188 (.115)

续表

变量名	回归系数			
	模型1	模型2	模型3	模型4
第四个四分位组	—	—	—	—
收入信息缺失组	-.179*** (.033)	-.180*** (.033)	-.305* (.129)	-.323* (.131)
婚姻状况				
未婚	—	—	—	—
已婚或同居	.077** (.028)	.079** (.028)	.076** (.028)	.106*** (.029)
离婚、丧偶或分居	.016 (.041)	.016 (.041)	.017 (.041)	.039 (.041)
少数民族				-.095* (.040)
与朋友聚会的频率				
每周1次或更多				—
每月1~2次				-.202*** (.023)
每月少于1次				-.391*** (.038)
从不				-.513*** (.058)
国家层次				
基尼系数	.011 (.013)	.036** (.013)	.035** (.013)	.024 (.014)
人均GDP		.046* (.021)	.045* (.021)	.041 (.039)
人均GDP的平方		-.0003 (.0004)	-.0003 (.0004)	-.0005 (.0005)
基尼系数×第一个收入组			.006 (.003)	.004 (.004)

续表

变量名	回归系数			
	模型1	模型2	模型3	模型4
基尼系数×第二个收入组			.003 (.003)	.002 (.003)
基尼系数×第三个收入组			-.002 (.003)	-.002 (.003)
基尼系数×第四个收入组			—	—
基尼系数×收入缺失组			.003 (.003)	.004 (.004)
人均公共卫生支出				.379 (.241)
每10万人口医师数				-.002 (.001)
麻疹免疫率				-.018* (.008)
城市人口所占比重				-.004 (.007)
截距项	-.532 (.499)	-2.036*** (.610)	-1.979*** (.613)	.551 (.874)
σ_u	.827 (.083)	.725 (.073)	.725 (.073)	.635 (.065)
ρ	.172*** (.028)	.138*** (.024)	.138*** (.024)	.109*** (.020)
样本量(个体)	69580	69580	69580	67449
样本量(国家)	53	53	53	52

注:括号中数值为标准误差。* $p<0.05$,** $p<0.01$,*** $p<0.001$。

当将自评一般健康的取值按照"很好/好"与"一般/差"两个类别来划分并重新拟合有关模型时,模型拟合结果与上述分析结果有所不同。如表3.5所示,在个体层面上,所有变量的回归系数基本上保持了相同的模式,只不过效应的大小有所增强。例如,与未婚的被访者相比,婚姻状况为离婚、丧偶或分居的被访者的自评健康状况更差,而且该效应具有统计显著性。在国家层面上,无论是否控制其他国家层面的变量,所有模型中基尼系数对个体自评一般健康的效应均不显著。人均 GDP 的效应与前面的模型结果(表 3.4)保持一致,并且其强度有所增强。

表 3.5 自评一般健康为"很好/好"的多层 Logit 模型结果(所有国家)

变量名	回归系数			
	模型 1	模型 2	模型 3	模型 4
个体层次				
年龄	-.054*** (.005)	-.055*** (.005)	-.055*** (.005)	-.055*** (.005)
年龄的平方	.0001** (.00005)	.0001** (.00005)	.0001** (.00005)	.0001** (.00005)
男性	.201*** (.018)	.201*** (.018)	.201*** (.018)	.175*** (.018)
教育程度				
小学及以下	—	—	—	—
初中	.230*** (.029)	.227*** (.029)	.232*** (.029)	.222*** (.030)
高中	.439*** (.027)	.436*** (.027)	.439*** (.027)	.415*** (.028)
大专	.710*** (.034)	.706*** (.034)	.707*** (.034)	.678*** (.035)
大学本科及以上	.657*** (.039)	.655*** (.039)	.658*** (.039)	.626*** (.040)
家庭收入				
第一个四分位组	-.704*** (.030)	-.704*** (.029)	-.883*** (.121)	-.878*** (.123)

续表

变量名	回归系数			
	模型1	模型2	模型3	模型4
第二个四分位组	-.469*** (.028)	-.469*** (.028)	-.448*** (.115)	-.433*** (.116)
第三个四分位组	-.269*** (.028)	-.269*** (.028)	-.132 (.115)	-.149 (.116)
第四个四分位组	—	—	—	—
收入信息缺失组	-.330*** (.031)	-.331*** (.031)	-.380** (.126)	-.385** (.127)
婚姻状况				
未婚	—	—	—	—
已婚或同居	.121*** (.028)	.123*** (.028)	.120*** (.028)	.145*** (.029)
离婚、丧偶或分居	-.091* (.036)	-.090* (.036)	-.090* (.036)	-.066 (.036)
少数民族				-.129*** (.035)
与朋友聚会的频率				
每周1次或更多				—
每月1~2次	-.123*** (.021)			
每月少于1次				-.369*** (.030)
从不				-.623*** (.044)
国家层次				
基尼系数	-.003 (.010)	.020 (.011)	.020 (.011)	.010 (.011)
人均GDP		.051** (.017)	.051** (.017)	.027 (.031)

续表

变量名	回归系数			
	模型 1	模型 2	模型 3	模型 4
人均 GDP 的平方		−.0005 (.0003)	−.0005 (.0003)	−.0005 (.0004)
基尼系数×第一个收入组			.005 (.003)	.005 (.003)
基尼系数×第二个收入组			−.001 (.003)	−.001 (.003)
基尼系数×第三个收入组			−.004 (.003)	−.003 (.003)
基尼系数×第四个收入组			−	−
基尼系数×收入缺失组			.001 (.003)	.002 (.004)
人均公共卫生支出				.376 (.193)
每 10 万人口医师数				−.002 (.001)
麻疹免疫率				−.017* (.007)
城市人口所占比重				.001 (.006)
截距项	2.729*** (.416)	1.328** (.499)	1.343** (.505)	3.486*** (.705)
σ_u	.683 (.067)	.590 (.058)	.590 (.058)	.508 (.051)
ρ	.124*** (.021)	.096*** (.017)	.096*** (.017)	.073*** (.014)
样本量(个体)	69580	69580	69580	67449
样本量(国家)	53	53	53	52

注：括号中数值为标准误差。* $p<0.05$，** $p<0.01$，*** $p<0.001$。

此外,当将自评一般健康的取值划分为"很好/好/一般"和"差"两个类别并以此作为结果变量拟合模型时,分析结果与表 3.4 的情况基本一致(详见表 3.6)。在个体层面上,有关社会经济地位指标的效应继续增强,这可能是因为个体社会经济地位对较差的健康状况具有更强的保护效应,或者也有可能是在健康水平的底端社会经济地位与健康之间的反向因果关系更为明显,即健康状况越差,社会经济地位越低。另外,与前面两种关于自评一般健康取值的划分方式相比(见表 3.4 和表 3.5),这时少数民族对个体自评健康的负效应也显著增强。

表 3.6 自评一般健康为"很好/好/一般"的多层 Logit 模型结果(所有国家)

变量名	回归系数			
	模型 1	模型 2	模型 3	模型 4
个体层次				
年龄	-.086*** (.009)	-.087*** (.009)	-.087*** (.009)	-.084*** (.009)
年龄的平方	.0004*** (.0001)	.0004*** (.0001)	.0004*** (.0001)	.0004*** (.0001)
男性	.178*** (.031)	.179*** (.031)	.179*** (.031)	.133*** (.032)
教育程度				
小学及以下	—	—	—	—
初中	.316*** (.049)	.309*** (.049)	.310*** (.049)	.289*** (.050)
高中	.598*** (.047)	.592*** (.047)	.592*** (.047)	.555*** (.048)
大专	.978*** (.064)	.969*** (.064)	.969*** (.065)	.916*** (.066)
大学本科及以上	.833*** (.077)	.828*** (.077)	.829*** (.077)	.751*** (.078)

第 3 章 关于收入不平等与自评一般健康的多层分析

续表

变量名	回归系数			
	模型 1	模型 2	模型 3	模型 4
家庭收入				
第一个四分位组	-.871*** (.053)	-.871*** (.053)	-.903*** (.229)	-.913*** (.231)
第二个四分位组	-.527*** (.053)	-.527*** (.053)	-.628** (.233)	-.601* (.237)
第三个四分位组	-.246*** (.056)	-.247*** (.056)	-.275 (.248)	-.273 (.251)
第四个四分位组	—	—	—	—
收入信息缺失组	-.417*** (.059)	-.420*** (.059)	-.473 (.252)	-.500 (.256)
婚姻状况				
未婚	—	—	—	—
已婚或同居	.373*** (.053)	.378*** (.053)	.378*** (.053)	.382*** (.054)
离婚、丧偶或分居	.051 (.061)	.053 (.061)	.053 (.061)	.057 (.062)
少数民族				-.203*** (.059)
与朋友聚会的频率				
每周 1 次或更多				—
每月 1~2 次				-.035 (.038)
每月少于 1 次				-.353*** (.048)
从不				-.850*** (.059)

续表

变量名	回归系数			
	模型1	模型2	模型3	模型4
国家层次				
基尼系数	.008 (.010)	.027* (.011)	.026* (.012)	.017 (.012)
人均GDP		.046** (.018)	.046** (.018)	.052 (.033)
人均GDP的平方		-.0005 (.0003)	-.0005 (.0003)	-.0008 (.0004)
基尼系数×第一个收入组			.001 (.006)	.001 (.006)
基尼系数×第二个收入组			.003 (.006)	.003 (.006)
基尼系数×第三个收入组			.001 (.007)	.001 (.007)
基尼系数×第四个收入组			—	—
基尼系数×收入缺失组			.001 (.007)	.003 (.007)
人均公共卫生支出				.178 (.204)
每10万人口医师数				-.002* (.001)
麻疹免疫率				-.015* (.007)
城市人口所占比重				.002 (.006)
截距项	5.175*** (.455)	4.003*** (.544)	4.050*** (.572)	5.969*** (.787)
σ_u	.659 (.067)	.590 (.061)	.590 (.061)	.519 (.055)

续表

变量名	回归系数			
	模型1	模型2	模型3	模型4
ρ	.117*** (.021)	.096*** (.018)	.096*** (.018)	.076*** (.015)
样本量(个体)	69580	69580	69580	67449
样本量(国家)	53	53	53	52

注：括号中数值为标准误差。* $p<0.05$，** $p<0.01$，*** $p<0.001$。

以上模型分析结果表明，并不是所有个体层次变量对自评一般健康的效应都满足发生比成比例(proportional odds)的假定。在将自评一般健康初始取值的4个类别从健康的高端到低端按不同方式合并时，个体社会经济地位对相应二分类结果变量的效应持续上升，年龄和少数民族变量的效应也是如此。此外，以上这些模型结果也表明，在本研究考察的数据中威尔金森假说并未得到实证支持，当对有关个体层面的变量进行控制后，没有证据表明国家的收入不平等程度对个体自评健康状况具有负面的影响；国家层面唯一对个体自评健康具有显著影响的变量是人均GDP。由此可见，国家经济发展水平对于国民的自评健康具有一定的正效应，而且这种效应是独立于个体社会经济地位对健康的效应之外的。

3.4.3 灵敏度分析1：奇异值的潜在影响检验

正如第3.4.1小节所指出的，在分析各国自评一般健康与人口预期寿命的关系时，分析样本中的5个非洲国家是明显的奇异值(outliers)。这些国家同样有可能对上文关于收入不平等与个体自评健康的多层分析结果存在决定性影响。鉴于此，笔者从分析样本中将这些国家剔除，重新拟合了有关模型。表3.7至表3.9给出了相应的结果。在去除这些可能的奇异值国家之后，原来模型结果中难以解释的收入不平等对个体自评一般健康的正效应消失了。但是，重新拟合后的所有模型结果仍然不能支持威尔金森假说，在控制了有关个体变量的效应后，基尼系数对个体自评健康并不存在显著的负面影响。相应个体层次的变量以及人均GDP对自评一般健康的效应则与上文所讨论的情况基本一致，不存在明显差异。

表 3.7 自评一般健康为"很好"的多层 Logit 模型结果（5 个非洲国家除外）

变量名	回归系数			
	模型 1	模型 2	模型 3	模型 4
个体层次				
年龄	−.046*** (.006)	−.047*** (.006)	−.047*** (.006)	−.045*** (.006)
年龄的平方	.0001* (.00007)	.0001* (.00007)	.0001* (.00007)	.0001 (.00007)
男性	.189*** (.021)	.189*** (.021)	.188*** (.021)	.162*** (.022)
教育程度				
小学及以下	−	−	−	−
初中	.165*** (.039)	.163*** (.039)	.168*** (.039)	.151*** (.040)
高中	.334*** (.035)	.331*** (.035)	.337*** (.035)	.311*** (.035)
大专	.556*** (.040)	.551*** (.040)	.553*** (.040)	.514*** (.040)
大学本科及以上	.512*** (.044)	.510*** (.044)	.518*** (.044)	.493*** (.045)
家庭收入				
第一个四分位组	−.571*** (.037)	−.570*** (.037)	−.934*** (.194)	−.912*** (.196)
第二个四分位组	−.373*** (.032)	−.372*** (.032)	−.780*** (.164)	−.736*** (.166)

续表

变量名	回归系数			
	模型1	模型2	模型3	模型4
第三个四分位组	-.255*** (.030)	-.255*** (.030)	-.152 (.157)	-.159 (.158)
第四个四分位组	—	—	—	—
收入信息缺失组	-.191*** (.035)	-.191*** (.035)	-.227 (.176)	-.262 (.178)
婚姻状况				
未婚	—	—	—	—
已婚或同居	.056 (.030)	.058 (.030)	.051 (.030)	.083** (.031)
离婚、丧偶或分居	-.001 (.043)	-.001 (.043)	.0004 (.043)	.024 (.044)
少数民族				-.166*** (.045)
与朋友聚会的频率				
每周1次或更多				—
每月1~2次				-.212*** (.025)
每月少于1次				-.374*** (.040)
从不				-.537*** (.064)
国家层次				
基尼系数	-.009 (.017)	.021 (.016)	.018 (.016)	.016 (.019)
人均GDP		.051* (.022)	.051* (.022)	.036 (.043)
人均GDP的平方		-.0004 (.0004)	-.0004 (.0004)	-.0004 (.0005)

续表

变量名	回归系数			
	模型1	模型2	模型3	模型4
基尼系数×第一个收入组			.010 (.005)	.010 (.005)
基尼系数×第二个收入组			.012* (.005)	.010* (.005)
基尼系数×第三个收入组			-.003 (.004)	-.003 (.005)
基尼系数×第四个收入组			—	—
基尼系数×收入缺失组			.001 (.005)	.002 (.005)
人均公共卫生支出				.428 (.255)
每10万人口医师数				-.003 (.001)
麻疹免疫率				-.010 (.012)
城市人口所占比重				-.006 (.008)
截距项	.311 (.612)	-1.419* (.697)	-1.304 (.703)	.369 (1.078)
σ_u	.814 (.086)	.698 (.074)	.698 (.074)	.644 (.069)
ρ	.168*** (.029)	.129*** (.024)	.129*** (.024)	.112*** (.021)
样本量(个体)	63684	63684	63684	61613
样本量(国家)	48	48	48	47

注:括号中数值为标准误差。$^*p<0.05$, $^{**}p<0.01$, $^{***}p<0.001$。其中尼日利亚、南非、坦桑尼亚、乌干达和津巴布韦被排除在本分析之外。

表 3.8 自评一般健康为"很好/好"的多层 Logit 模型结果(5 个非洲国家除外)

变量名	回归系数			
	模型 1	模型 2	模型 3	模型 4
个体层次				
年龄	-.062*** (.005)	-.062*** (.005)	-.062*** (.005)	-.062*** (.005)
年龄的平方	.0002*** (.00005)	.0002*** (.00005)	.0002*** (.00005)	.0002*** (.00006)
男性	.205*** (.019)	.206*** (.019)	.205*** (.019)	.179*** (.019)
教育程度				
小学及以下	—	—	—	—
初中	.244*** (.031)	.241*** (.031)	.244*** (.031)	.234*** (.032)
高中	.453*** (.028)	.450*** (.028)	.452*** (.028)	.427*** (.029)
大专	.721*** (.035)	.717*** (.035)	.716*** (.035)	.686*** (.036)
大学本科及以上	.662*** (.040)	.659*** (.040)	.664*** (.040)	.633*** (.041)
家庭收入				
第一个四分位组	-.713*** (.031)	-.713*** (.031)	-.914*** (.151)	-.937*** (.154)
第二个四分位组	-.459*** (.029)	-.459*** (.029)	-.679*** (.138)	-.656*** (.140)
第三个四分位组	-.258*** (.029)	-.258*** (.029)	-.290* (.141)	-.311* (.143)
第四个四分位组	—	—	—	—
收入信息缺失组	-.330*** (.032)	-.331*** (.032)	-.407** (.154)	-.419** (.157)

续表

变量名	回归系数			
	模型1	模型2	模型3	模型4
婚姻状况				
未婚	—	—	—	—
已婚或同居	.111*** (.029)	.113*** (.029)	.109*** (.030)	.136*** (.030)
离婚、丧偶或分居	-.100** (.037)	-.099** (.037)	-.099** (.037)	-.072 (.038)
少数民族				-.180*** (.037)
与朋友聚会的频率				
每周1次或更多				—
每月1~2次				-.127*** (.022)
每月少于1次				-.379*** (.031)
从不				-.635*** (.046)
国家层次				
基尼系数	-.013 (.014)	.015 (.013)	.012 (.014)	.008 (.015)
人均GDP		.057** (.018)	.057*** (.018)	.029 (.035)
人均GDP的平方		-.0006 (.0003)	-.0006 (.0003)	-.0005 (.0004)
基尼系数×第一个收入组			.006 (.004)	.006 (.004)
基尼系数×第二个收入组			.006 (.004)	.006 (.004)

续表

变量名	回归系数			
	模型1	模型2	模型3	模型4
基尼系数×第三个收入组			.001 (.004)	.001 (.004)
基尼系数×第四个收入组			—	—
基尼系数×收入缺失组			.002 (.004)	.003 (.005)
人均公共卫生支出				.382 (.207)
每10万人口医师数				-.002 (.001)
麻疹免疫率				-.012 (.009)
城市人口所占比重				-.001 (.007)
截距项	3.225*** (.518)	1.584** (.578)	1.696** (.585)	3.416*** (.877)
σ_u	.688 (.071)	.576 (.060)	.576 (.060)	.523 (.055)
ρ	.126*** (.023)	.092*** (.017)	.092*** (.017)	.077*** (.015)
样本量(个体)	63684	63684	63684	61613
样本量(国家)	48	48	48	47

注:括号中数值为标准误差。$^*p<0.05$,$^{**}p<0.01$,$^{***}p<0.001$。其中尼日利亚、南非、坦桑尼亚、乌干达和津巴布韦被排除在本分析之外。

表 3.9　自评一般健康为"很好/好/一般"的多层 Logit 模型结果（5 个非洲国家除外）

变量名	回归系数			
	模型 1	模型 2	模型 3	模型 4
个体层次				
年龄	-.095***	-.095***	-.095***	-.093***
	(.010)	(.010)	(.010)	(.010)
年龄的平方	.0005***	.0005***	.0005***	.0005***
	(.0001)	(.0001)	(.0001)	(.0001)
男性	.190***	.191***	.191***	.146***
	(.032)	(.032)	(.032)	(.033)
教育程度				
小学及以下	—	—	—	—
初中	.327***	.319***	.319***	.299***
	(.051)	(.051)	(.051)	(.052)
高中	.601***	.593***	.594***	.557***
	(.048)	(.048)	(.048)	(.050)
大专	.972***	.961***	.961***	.908***
	(.065)	(.065)	(.065)	(.067)
大学本科及以上	.824***	.818***	.819***	.740***
	(.078)	(.078)	(.078)	(.079)
家庭收入				
第一个四分位组	-.875***	-.874***	-.885**	-.941***
	(.054)	(.054)	(.283)	(.287)
第二个四分位组	-.529***	-.529***	-.829***	-.785**
	(.054)	(.054)	(.282)	(.287)
第三个四分位组	-.248***	-.249***	-.397	-.415
	(.058)	(.058)	(.304)	(.309)
第四个四分位组	—	—	—	—
收入信息缺失组	-.420***	-.424***	-.416	-.479
	(.060)	(.060)	(.308)	(.314)

续表

变量名	回归系数			
	模型1	模型2	模型3	模型4
婚姻状况				
未婚	—	—	—	—
已婚或同居	.394*** (.055)	.399*** (.055)	.401*** (.055)	.405*** (.056)
离婚、丧偶或分居	.072 (.062)	.075 (.062)	.074 (.062)	.082 (.064)
少数民族				-.237*** (.062)
与朋友聚会的频率				
每周1次或更多				—
每月1~2次				-.037 (.039)
每月少于1次				-.364*** (.049)
从不				-.857*** (.062)
国家层次				
基尼系数	.005 (.014)	.030* (.013)	.027 (.015)	.029 (.016)
人均GDP		.057*** (.018)	.057*** (.018)	.075* (.036)
人均GDP的平方		-.0007* (.0003)	-.0007 (.0003)	-.001* (.0004)
基尼系数×第一个收入组			.0003 (.008)	.002 (.008)
基尼系数×第二个收入组			.009 (.008)	.008 (.008)

续表

变量名	回归系数			
	模型1	模型2	模型3	模型4
基尼系数×第三个收入组			.004 (.009)	.005 (.009)
基尼系数×第四个收入组			—	—
基尼系数×收入缺失组			−.0005 (.009)	.002 (.009)
人均公共卫生支出				.107 (.213)
每10万人口医师数				−.002 (.001)
麻疹免疫率				−.011 (.010)
城市人口所占比重				−.003 (.007)
截距项	5.465*** (.552)	3.944*** (.617)	4.044*** (.655)	5.480*** (.939)
σ_u	.667 (.071)	.569 (.062)	.569 (.062)	.520 (.058)
ρ	.119*** (.022)	.090*** (.018)	.090*** (.018)	.076*** (.016)
样本量(个体)	63684	63684	63684	61613
样本量(国家)	48	48	48	47

注:括号中数值为标准误差。* $p<0.05$, ** $p<0.01$, *** $p<0.001$。其中尼日利亚、南非、坦桑尼亚、乌干达和津巴布韦被排除在本分析之外。

3.4.4 灵敏度分析2:欧洲社会调查样本的分析结果

考虑到自评一般健康指标的跨人群可比性问题,本章接下来将分析样本局限于欧洲社会调查样本,以降低由于社会文化差异而导致的可比性问题的影响(Carlson 1998)。表3.10至表3.12展示了相应的多层模型拟合结果。

由这些模型结果可见,尽管这些欧洲国家的历史和文化更为相近,因而其居民自评一般健康的可比性相对更好,但是相应的模型结果仍然不支持收入不平等对个体健康存在独立的负效应。与前面的模型结果相比,当将分析样本限定为欧洲社会调查的相应国家后,人均 GDP 对个体自评一般健康的正效应明显增大。这一效应即使在控制了人均公共卫生支出等其他国家层面的变量后仍保持显著。

表 3.10 自评一般健康为"很好"的多层 Logit 模型结果(欧洲社会调查国家)

变量名	回归系数			
	模型 1	模型 2	模型 3	模型 4
个体层次				
年龄	-.057*** (.009)	-.057*** (.009)	-.057*** (.009)	-.056*** (.009)
年龄的平方	.0002* (.0001)	.0002* (.0001)	.0002* (.0001)	.0002* (.0001)
男性	.130*** (.029)	.130*** (.029)	.129*** (.029)	.123*** (.029)
教育程度				
小学及以下	—	—	—	—
初中	.291*** (.058)	.288*** (.058)	.298*** (.058)	.274*** (.059)
高中	.484*** (.054)	.482*** (.054)	.492*** (.055)	.451*** (.055)
大专	.748*** (.056)	.744*** (.056)	.751*** (.057)	.697*** (.057)
大学本科及以上	.891*** (.073)	.887*** (.073)	.895*** (.073)	.857*** (.074)
家庭收入				
第一个四分位组	-.564*** (.055)	-.562*** (.055)	-1.543*** (.361)	-1.511*** (.371)

续表

变量名	回归系数			
	模型1	模型2	模型3	模型4
第二个四分位组	-.379*** (.046)	-.377*** (.046)	-.625* (.303)	-.536 (.310)
第三个四分位组	-.229*** (.040)	-.228*** (.040)	.325 (.288)	.373 (.294)
第四个四分位组	—	—	—	—
收入信息缺失组	-.158*** (.043)	-.156*** (.043)	-.039 (.287)	-.071 (.294)
婚姻状况				
未婚	—	—	—	—
已婚或同居	.082* (.039)	.084* (.039)	.078* (.039)	.104** (.040)
离婚、丧偶或分居	.087 (.053)	.089 (.053)	.088 (.053)	.102 (.054)
少数民族				-.209** (.076)
与朋友聚会的频率				
每周1次或更多				—
每月1~2次				-.169*** (.033)
每月少于1次				-.483*** (.065)
从不				-.756*** (.138)
国家层次				
基尼系数	-.015 (.036)	.021 (.024)	.021 (.024)	-.005 (.027)
人均GDP		.156*** (.032)	.158*** (.032)	.176** (.065)

第3章 关于收入不平等与自评一般健康的多层分析

续表

变量名	回归系数			
	模型1	模型2	模型3	模型4
人均GDP的平方		-.002*** (.0005)	-.002*** (.0005)	-.002* (.0007)
基尼系数×第一个收入组			.031** (.011)	.031** (.012)
基尼系数×第二个收入组			.008 (.010)	.006 (.010)
基尼系数×第三个收入组			-.018 (.009)	-.019* (.009)
基尼系数×第四个收入组			—	—
基尼系数×收入缺失组			-.004 (.009)	-.003 (.009)
人均公共卫生支出				-.347 (.363)
每10万人口医师数				.001 (.002)
麻疹免疫率				-.041* (.018)
城市人口所占比重				-.009 (.011)
截距项	.657 (1.145)	-2.990*** (.979)	-3.049** (.991)	2.087 (2.581)
σ_u	.913 (.135)	.576 (.086)	.574 (.086)	.524 (.078)
ρ	.202*** (.048)	.091*** (.025)	.091*** (.025)	.077*** (.021)
样本量(个体)	36209	36209	36209	35336
样本量(国家)	24	24	24	24

注:括号中数值为标准误差。 $^*p<0.05$, $^{**}p<0.01$, $^{***}p<0.001$。

表3.11 自评一般健康为"很好/好"的多层Logit模型结果(欧洲社会调查国家)

变量名	回归系数			
	模型1	模型2	模型3	模型4
个体层次				
年龄	-.091***	-.091***	-.091***	-.090***
	(.007)	(.007)	(.007)	(.008)
年龄的平方	.0004***	.0004***	.0004***	.0004***
	(.0001)	(.0001)	(.0001)	(.0001)
男性	.183***	.184***	.184***	.173***
	(.025)	(.025)	(.025)	(.026)
教育程度				
小学及以下	—	—	—	—
初中	.346***	.342***	.345***	.322***
	(.043)	(.043)	(.043)	(.044)
高中	.588***	.585***	.588***	.542***
	(.042)	(.042)	(.042)	(.043)
大专	.899***	.894***	.895***	.841***
	(.046)	(.046)	(.046)	(.047)
大学本科及以上	.931***	.926***	.928***	.870***
	(.071)	(.071)	(.071)	(.072)
家庭收入				
第一个四分位组	-.752***	-.749***	-1.145***	-1.121***
	(.045)	(.045)	(.254)	(.262)
第二个四分位组	-.494***	-.493***	-.771***	-.735**
	(.041)	(.041)	(.231)	(.237)
第三个四分位组	-.241***	-.240***	-.584*	-.585*
	(.040)	(.040)	(.232)	(.239)
第四个四分位组	—	—	—	—
收入信息缺失组	-.322***	-.320***	-.989***	-1.007***
	(.040)	(.040)	(.234)	(.241)

续表

变量名	回归系数			
	模型1	模型2	模型3	模型4
婚姻状况				
未婚	—	—	—	—
已婚或同居	.187*** (.038)	.189*** (.038)	.189*** (.039)	.204*** (.039)
离婚、丧偶或分居	.064 (.046)	.066 (.046)	.065 (.046)	.081 (.047)
少数民族				-.342*** (.062)
与朋友聚会的频率				
每周1次或更多				—
每月1~2次				-.114*** (.029)
每月少于1次				-.557*** (.046)
从不				-.867*** (.087)
国家层次				
基尼系数	.006 (.028)	.035* (.017)	.024 (.018)	-.004 (.019)
人均GDP		.137*** (.024)	.137*** (.024)	.114** (.044)
人均GDP的平方		-.002*** (.0004)	-.002*** (.0004)	-.001* (.0005)
基尼系数×第一个收入组			.013 (.008)	.012 (.008)
基尼系数×第二个收入组			.009 (.007)	.008 (.008)

续表

变量名	回归系数			
	模型1	模型2	模型3	模型4
基尼系数×第三个收入组			.011 (.007)	.011 (.008)
基尼系数×第四个收入组			—	—
基尼系数×收入缺失组			.022*** (.007)	.023** (.008)
人均公共卫生支出				-.121 (.247)
每10万人口医师数				.001 (.001)
麻疹免疫率				-.041*** (.012)
城市人口所占比重				-.012 (.007)
截距项	3.331*** (.905)	.279 (.732)	.641 (.754)	6.272*** (1.764)
σ_u	.718 (.105)	.425 (.063)	.429 (.063)	.354 (.053)
ρ	.136*** (.034)	.052*** (.015)	.053*** (.015)	.037*** (.011)
样本量(个体)	36209	36209	36209	35336
样本量(国家)	24	24	24	24

注：括号中数值为标准误差。*$p<0.05$，**$p<0.01$，***$p<0.001$。

表3.12 自评一般健康为"很好/好/一般"的多层Logit模型结果(欧洲社会调查国家)

变量名	回归系数			
	模型1	模型2	模型3	模型4
个体层次				
年龄	-.144*** (.014)	-.144*** (.014)	-.144*** (.014)	-.139*** (.014)

续表

变量名	回归系数			
	模型1	模型2	模型3	模型4
年龄的平方	.0009*** (.0001)	.0009*** (.0001)	.0009*** (.0001)	.0009*** (.0001)
男性	.154*** (.042)	.154*** (.042)	.154*** (.042)	.128*** (.043)
教育程度				
小学及以下	—	—	—	—
初中	.458*** (.065)	.446*** (.065)	.445*** (.065)	.398*** (.066)
高中	.781*** (.067)	.765*** (.066)	.765*** (.066)	.686*** (.068)
大专	1.136*** (.078)	1.120*** (.078)	1.119*** (.078)	1.022*** (.080)
大学本科及以上	1.023*** (.123)	1.008*** (.123)	1.007*** (.123)	.878*** (.124)
家庭收入				
第一个四分位组	-.905*** (.078)	-.899*** (.077)	-.662 (.415)	-.684 (.430)
第二个四分位组	-.614*** (.075)	-.612*** (.075)	-.386 (.409)	-.365 (.427)
第三个四分位组	-.251** (.079)	-.251** (.079)	.040 (.439)	.037 (.457)
第四个四分位组	—	—	—	—
收入信息缺失组	-.449*** (.077)	-.445*** (.077)	-.271 (.425)	-.360 (.445)
婚姻状况				
未婚	—	—	—	—
已婚或同居	.430*** (.067)	.436*** (.067)	.436*** (.067)	.416*** (.069)

续表

变量名	回归系数			
	模型1	模型2	模型3	模型4
离婚、丧偶或分居	.138 (.074)	.141 (.074)	.141 (.074)	.137 (.076)
少数民族				-.346*** (.093)
与朋友聚会的频率				
每周1次或更多				—
每月1~2次				-.009 (.049)
每月少于1次				-.529*** (.064)
从不				-1.180*** (.093)
国家层次				
基尼系数	.008 (.025)	.032 (.017)	.039* (.020)	.023 (.019)
人均GDP		.119*** (.023)	.119*** (.023)	.127*** (.040)
人均GDP的平方		-.001*** (.0003)	-.001*** (.0003)	-.001** (.0004)
基尼系数×第一个收入组			-.008 (.013)	-.007 (.014)
基尼系数×第二个收入组			-.007 (.013)	-.008 (.014)
基尼系数×第三个收入组			-.009 (.014)	-.009 (.014)
基尼系数×第四个收入组			—	—
基尼系数×收入缺失组			-.006 (.013)	-.002 (.014)

续表

变量名	回归系数			
	模型1	模型2	模型3	模型4
人均公共卫生支出				-.318 (.224)
每10万人口医师数				.002 (.001)
麻疹免疫率				-.034** (.011)
城市人口所占比重				-.018** (.006)
截距项	6.600*** (.877)	3.991*** (.773)	3.784*** (.839)	8.296*** (1.651)
σ_u	.641 (.096)	.401 (.063)	.402 (.063)	.302 (.050)
ρ	.111*** (.029)	.047*** (.014)	.047*** (.014)	.027*** (.009)
样本量(个体)	36209	36209	36209	35336
样本量(国家)	24	24	24	24

注:括号中数值为标准误差。
$^*p<0.05$,$^{**}p<0.01$,$^{***}p<0.001$。

3.4.5 灵敏度分析3:非线性效应及加权问题

苏布拉马尼安和河内(Subramanian and Kawachi 2004)指出,收入不平等对健康的效应可能不是线性的,而是存在某个临界点(threshold),也即只有当贫富悬殊的程度超过该值时,不平等才会损害健康。因此,本分析对收入不平等的这种可能的临界值效应进行了实证检验。具体而言,本文取不同的临界值点,分别对基尼系数构建虚拟变量(例如,基尼系数大于0.4、0.45等),并重新拟合了上述模型。所得模型结果与前面讨论的模型结果基本一致,这里不再赘述。

此外,上述的所有分析都是利用统计分析软件 Stata 来完成的,它用来拟合随机效应 Logit 模型的程序"xtlogit"无法对样本数据进行加权处理。为了检验样本权数是否影响模型拟合结果,本文利用可以设定样本权数的 HLM 软件重新拟合了部分上述模型❶。尽管在 HLM 的输出结果中,相应国家层次的变量的标准误差有所变大,但是其基本结论与 Stata 的输出结果保持一致。

总之,本章的所有多层模型分析结果均不支持威尔金森假说,即本文的实证分析中未发现收入不平等对个体健康具有独立的、真实的负效应。与之相反,在国家层面上,唯一对个体自评一般健康存在重要的、稳健效应的变量是人均 GDP。模型结果表明,国家经济发展水平对国民健康具有独立的正效应。由此不难看出,就本分析所研究的国家来说,与收入的相对分配情况相比,无论是个体层面还是国家层面,绝对物质资源的占有似乎是影响健康的更为重要的因素。

3.5 小结与讨论

大量既有研究发现,在集合层面上收入不平等与人口健康指标如预期寿命之间存在着显著的负相关关系。本书第 2 章利用有关国际数据检验了这种关系,并发现在集合层面上收入不平等确实与人口健康指标之间存在着很强的负相关关系,而且在控制了许多其他国家特征差异后这种相关关系依然显著。然而,单纯集合层次的研究无法解决威尔金森假说与绝对收入假说之间的争论。那么,到底在控制了相应个体层次的变量尤其是个体收入水平后,收入不平等是否还影响个体健康呢?本章利用大型国际社会调查数据,通过拟合多层模型分析了个体收入、收入不平等与个体自评一般健康之间的关系。

---

❶ 在世界价值观调查数据中,部分国家未能提供有关样本权数的信息。因此,这些国家的样本在加权回归中被视为简单随机样本来处理。

在本章的所有分析结果中,当在模型中控制了家庭收入等个体层次的变量后,没有证据表明收入不平等对个体自评一般健康具有独立的负效应。与之相比,在个体层次上,社会经济地位指标如教育水平和家庭收入,对个体自评健康状况具有很强的正效应;在国家层次上,反映国家物质财富的人均 GDP 是唯一一个对个体自评健康存在显著影响且其效应在不同模型间均保持稳健的指标。一般来说,在控制了个体的绝对社会经济差异后,富裕国家的成员自评健康状况仍好于欠发达国家的成员。这一基本结论在剔除有关非洲国家样本或者将分析样本仅仅局限于部分欧洲国家后,仍保持不变。本章利用欧洲调查数据对欧洲国家的分析结果与既有的相关研究结论(如 Hildebrand and Van Kerm 2005;Etienne et al. 2007)并不一致。因而,如林奇等人(Lynch et al. 2001)分析所示,既有研究发现收入不平等对个体自评一般健康的显著影响,很可能与其所分析的国家样本数量过少、选择性偏差较大等问题有关。

本章对个体绝对收入、收入不平等与个体自评一般健康的多层模型分析结果显示,与一个社会中收入分配的状况相比,无论是个体层次上还是国家层次上,绝对物质资源拥有量对个体健康的影响明显更强。因此,在集合层面上所观察到的收入不平等与人口健康之间的关系可能主要反映了个体绝对收入水平对健康的非线性效应,这与绝对收入假说的相应观点相一致(Gravelle 1998;Lynch et al. 2004)。当然,由于健康本身是一个多维的概念,自评一般健康并不能有效测量所有的健康维度,所以收入不平等对健康的影响有可能主要体现在一些特定的疾病类型方面,而自评一般健康恰好不能有效反映相应的信息。对此问题的深入考察,需要进一步厘清收入不平等损害健康的作用机理,并对潜在的具体机理进行专门的数据收集和分析工作(Smith, Gunnell and Ben–Shlomo 2001)。

与许多国际比较研究一样,由于数据等方面的限制,本章的分析仍然存在一定的局限性,因此对本章的相关结论应审慎对待。本书第 2 章讨论了收入不平等数据的国际可比性问题,与之相比,个体自评一般健康的跨人群可比性问题甚至更为复杂和严重。毫无疑问,个体自评一般健康包含了有关被访者真实健康状况的重要信息,在特定的健康维度其价值是无法通过客观的健康体测指标所替代的(Murray and Chen 1992)。然而,与一些关于个体健康的客观体测指标相比,对健康状况的自我评估很可能会受到个体特征如年龄、性别以及特定社会生活情境如平均健康状况、文化等因素的影响。本章通过比较各国自评一般健康与人口预期寿命的关系,为自评一般健康的跨人群可比性(除少数非洲国家外)以及使用该指标进行国际比较研究提供了一定的依据。在下一章,笔者将利用3个发展中国家的有关调查数据对该问题进行更深入的分析。此外,本章在进行多层模型分析时,为了保证有足够的国家样本,对来自于不同调查项目的欧洲社会调查数据和世界价值观调查数据进行了合并。由于两个项目在调查设计、具体变量的测度方式、调查执行情况等方面存在一定的差异,尤其是自评一般健康在两项研究中的测度方式不尽相同,这些都有可能一定程度上影响本章分析结果的有效性。因此,对该问题的进一步研究,还有待于对更高质量的、高度可比的大型国际社会调查数据的收集、整理和分析。

附录3A 本章多层分析所包括的国家列表

国家	数据来源	调查年份	有效样本量
阿尔巴尼亚(Albania)	WVS	2002	819
阿尔及利亚(Algeria)	WVS	2002	938
奥地利(Austria)	ESS	2005	1665
孟加拉国(Bangladesh)	WVS	2002	1220
比利时(Belgium)	ESS	2004	1371
波斯尼亚(Bosnia)	WVS	2001	960
加拿大(Canada)	WVS	2000	1555
智利(Chile)	WVS	2000	1009
中国(China)	WVS	2001	914
捷克(Czech Republic)	ESS	2004	2413

续表

国家	数据来源	调查年份	有效样本量
丹麦(Denmark)	ESS	2004~2005	1187
埃及(Egypt)	WVS	2000	2297
爱沙尼亚(Estonia)	ESS	2004~2005	1457
芬兰(Finland)	ESS	2004	1567
法国(France)	ESS	2004~2005	1456
德国(Germany)	ESS	2004~2005	2227
希腊(Greece)	ESS	2005	1906
匈牙利(Hungary)	ESS	2005	1195
印度(India)	WVS	2001	1723
印度尼西亚(Indonesia)	WVS	2001	874
伊朗(Iran)	WVS	2000	1529
爱尔兰(Ireland)	ESS	2005	1851
日本(Japan)	WVS	2000	1187
约旦(Jordan)	WVS	2001	899
韩国(Korea, Rep. of)	WVS	2001	1032
吉尔吉斯斯坦(Kyrgyzstan)	WVS	2003	761
卢森堡(Luxembourg)	ESS	2004~2005	1268
马其顿(Macedonia)	WVS	2001	865
墨西哥(Mexico)	WVS	2000	1136
摩尔多瓦(Moldova)	WVS	2002	796
摩洛哥(Morocco)	WVS	2001	1686
荷兰(Netherlands)	ESS	2004~2005	1584
尼日利亚(Nigeria)	WVS	2000	1408
挪威(Norway)	ESS	2004~2005	1419
巴基斯坦(Pakistan)	WVS	2001	1649
秘鲁(Peru)	WVS	2001	1118
菲律宾(Philippines)	WVS	2001	942

续表

国家	数据来源	调查年份	有效样本量
波兰(Poland)	ESS	2004	1263
葡萄牙(Portugal)	ESS	2004~2005	1575
斯洛伐克(Slovakia)	ESS	2004	1094
斯洛文尼亚(Slovenia)	ESS	2004	1065
南非(South Africa)	WVS	2001	2264
西班牙(Spain)	ESS	2004~2005	1272
瑞典(Sweden)	ESS	2004~2005	1506
瑞士(Switzerland)	ESS	2004~2005	1744
坦桑尼亚(Tanzania)	WVS	2001	893
土耳其(Turkey)	ESS	2005~2006	1382
乌干达(Uganda)	WVS	2001	685
乌克兰(Ukraine)	ESS	2005	1547
英国(United Kingdom)	ESS	2004~2005	1490
美国(United States)	WVS	1999	966
越南(Viet Nam)	WVS	2001	808
津巴布韦(Zimbabwe)	WVS	2001	677

附录3B 相对疾病计分方法简介

近期的一些研究指出,个体的自评健康指标存在着回答行为异质性(heterogeneous reporting behaviors)或者切点位移(cut-point shifts)的问题(Lindeboom and van Doorslaer 2004；Salomon et al. 2004；Jürges 2007)。该问题主要是指,不同人群在评价自己的健康状况时所使用的标准(即切点)各异,因而直接比较不同群体的自评一般健康结果往往会造成偏差。为了解决该问题,有研究者提出利用辅助的固定情境(anchoring vignettes)问题来估计不同个体的评价标准,并以此对自评一般健康的初始回答结果加以校正

(Tandon et al. 2002；Murray et al. 2002；Salomon et al. 2004；King et al. 2004），相应方法将在第 4 章中详细介绍。不过，该方法对数据要求较高，目前大型国际调查所收集的数据信息还很少能满足此方法的需求。因此，希尔德布兰德和范克姆（Hildebrand and Van Kerm 2005）提出了一种通过构建相对疾病计分（relative illness score）的方法，以改进由于直接对比自评一般健康所导致的问题。该方法的主要步骤如下：

首先，针对每个国家，分别拟合一个以自评一般健康为因变量的定序 Probit 模型。将有可能影响切点位移的个体特征，如年龄和性别等作为模型的自变量。该模型的一般形式可表示为

$$\Pr(h_i^{SR} \leq j \mid X_i) = \Phi(\alpha_j + X_i'\beta) \qquad (3.3)$$

其中，X_i' 表示相应的个体特征变量；Φ 表示累计正态分布函数。

其次，利用上一步定序 Probit 模型的拟合结果，计算每个被访者的自评一般健康落在给定类别的预测概率。例如，假定自评一般健康共包括四个类别选项，那么每个被访者应该对应着 4 个预测概率。对于第 i 个被访者，令 p_{1i} 至 p_{4i} 分别代表自评健康结果为"很好"、"好"、"一般"和"差"的预测概率，则有 $\sum_{k=1}^{4} p_{ki} = 1$。

再次，针对每个被访者，计算该被访者比其实际自评结果更好的所有类别的累计预测概率，再加上其实际结果所在类别的预测概率的一半。例如，如果第 i 个被访者实际选择的类别为"一般"，那么他所对应的累计概率等于 $p_{1i} + p_{2i} + 0.5 p_{3i}$；如果该被访者实际选择的类别为"差"，则相应的累计概率为 $p_{1i} + p_{2i} + p_{3i} + 0.5 p_{4i}$。这些累计概率保证了由模型自变量交叉划分所界定的各个组别之间自评健康的相对排序不变，其值越大表示健康状况越差。希尔德布兰德和范克姆（Hildebrand and Van Kerm 2005）认为，根据上述步骤所构建的累计概率剔除了不同人群之间（由定序 Probit 模型的自变量和国别所界定）在进行健康自评时存在的系统性差异。实际上，这些累计概率可以被视为自评一般健康在控制了式（3.3）中有关变量后的残差。

最后,对上面所构建的累计概率进行逆正态转换(inverse normal transformation),所得结果即为每个被访者所对应的相对疾病计分。这些相对疾病计分可以直接用作多层分析模型的因变量,将其视为个体层次和国家层次的自变量的函数。值得指出的是,在定序 Probit 模型中已经包括过的个体变量不应再包括到多层模型中,这是因为在构建相对疾病计分的过程中已经对它们进行了控制。

不过,这种方法并不是对所有数据都适用,而且它也存在着严重的问题。该方法的一个核心假设是自评一般健康在由定序 Probit 模型中所包括的自变量所界定的群体内部更加可比。这听上去似乎是合理的,但是它到底在多大程度上成立却缺乏实证依据。事实上,自评一般健康并不等同于要求被访者以与之相似的群体为参照来评价自己的健康状况。在下一章中,笔者利用印度尼西亚和墨西哥的有关调查数据,比较了自评一般健康与自评相对健康(与自己年龄相当、性别相同的人相比)的关系,发现这两个变量存在巨大的差别,表明自评一般健康并不等同于在给定群体中被访者健康状况的相对排序。有关的定性研究(Krause and Jay 1994)也指出,当被访者在评价自己的一般健康状况时,他们并不一定会与某个参照群体作比较。其中,仅有6%的被访者回答他们通过与其他人进行对比来评价自己的健康状况,而大部分被访者则主要考虑的是具体的健康问题和健康行为。

更为重要的是,这种残差化方法实际上通过分别对各国拟合模型清除了不同国家间的自评健康差异。对该方法的简单模拟显示,所拟合的累计概率的分国别的均值与自评一般健康的初始分布无关,它大约在 0.50 上下随机波动。这种相对疾病计分方法实际上等同于拟合一个国家层次上的固定效应模型。因此,该方法所产生的相对疾病计分无法再用于估计任何国家层次的变量的主效应,其中包括收入不平等程度的效应。当然,在固定效应模型的框架下,我们仍然有可能估计可能的跨层交互效应。笔者对本章所用数据拟合固定效应模型的结果表明,不存在任何与基尼系数和人均 GDP 有关的显著的跨层交互效应,相应结果这里不再给出。

第4章 自评一般健康的效度和跨人群可比性

4.1 研究背景

在上一章中我们提到,过去 10 年间关于收入不平等与人口健康关系的研究开始使用多层数据和相应的分析方法。然而,这类研究的主要困难在于,在个体层面上缺乏一个像人口预期寿命这样公认的衡量健康的有效指标。有些研究利用跟踪调查数据的优势分析了个体的存活概率或死亡风险,但是绝大多数研究(包括本书第 3 章的分析)使用的个体健康指标是自评一般健康(Subramanian and Kawachi 2004)。与其他指标相比,自评一般健康测量简单、成本很低,而且在许多大型社会调查中都普遍使用。不过,到底自评一般健康在多大程度上反映被访者的真实健康状况,它应不应该用于跨国比较研究,这仍然是一个充满争议的问题(Sadana et al. 2002;Thomas and Frankenberg 2002)。

在本章,笔者利用 3 个发展中国家的社会调查数据来检验自评一般健康的效度及其可比性,这 3 个发展中国家分别是中国、印度尼西亚和墨西哥。本章试图回答的主要问题包括:①自评一般健康测量的到底是什么? ②不同人群的自评一般健康是否存在系统性的回答行为异质性或切点位移问题? ③使用自评一般健康进行跨国比较研究的意义何在?

本章内容的具体安排如下:第 4.2 节简单总结和评述关于自评一般健康的效度和可比性问题的既有研究成果;第 4.3 节介绍本分析的主要数据来源

和分析方法;第4.4节给出对3个发展中国家的自评一般健康的回答异质性行为进行比较分析的主要结果;第4.5节对本章的主要发现进行了简单的总结和讨论。

4.2 既有研究评述

考虑到健康与疾病类型的复杂性,在实际操作中很难通过单一的指标来反映个体健康的所有维度。穆雷和陈(Murray and Chen 1992)指出,个体健康实际上可以划分为3个组成部分:能够自我感知但无法测量的疼痛和不适感;既能自我感知又能观测到的机体变化;无法自我感知但却可以测量到的机体变化。其中,前两个部分的信息可以通过个体的自我感知而获得,后两个部分的信息可以通过医学检测而获得。因此,要想全面了解机体健康状况,有必要既收集有关自我评价的健康指标,同时与客观体测结果相结合。当然,自我感知的健康状况与医学观察结果并不必然一致,这是因为它们所反映的健康维度本身存在差异。自我感知的健康状况既取决于机体病理负担,同时还受个体所处的社会和文化背景的影响。健康自评取决于被访者与参照群体或者自认的理想健康状态进行比较的结果,这两者都可能因为社会文化方面的差异而不同。尽管如此,自评健康指标在关于健康的研究中仍然具有非常重要的价值,关于疾病的自我感知本身就是值得研究的社会现象,病人对疾病负担的评价与认知对个体生活质量的影响甚至比一些客观的健康指标更为关键。

在现实中,由于成本和可操作性等方面的限制,大型的社会调查一般只收集被访者自评健康方面的信息,因而自评一般健康也成为健康研究中应用的最广泛的指标之一。关于自评一般健康能否有效地测量个体的真实健康状况,尤其是在不同群体之间自评一般健康是否具有可比性,以往的研究中充满了争议。一方面,许多研究发现,自评一般健康对个体死亡风险具有很强的预测效力(Idler and Benyamini 1997;Miilunpalo et al. 1997;Benyamini and Idler 1999；Burstrom and Fredlund 2001；Ferraro and Kelley – Moore 2001；Van Doorslaer and Gerdtham 2003；Bailis et al. 2003；Benjamins et al. 2004；Frankenberg and Jones 2004）；另一方面，也有大量研究指出自评一般健康指标存在明显的回答行为异质性问题，因而不具备跨人群可比性（Bound 1991；Krause and Jay 1994；Groot 2000；Sadana et al. 2002；Sen 2002；Thomas and Frankenberg 2002；Tandon et al. 2002；Lindeboom and Van Doorslaer 2004；Salomon et al. 2004）。

伊德勒和本亚米尼（Idler and Benyamini 1997）综述了27项有关个体自评一般健康与死亡风险的研究成果。其中的23项研究表明，自评一般健康对个体的死亡风险具有独立的显著效应，这一效应即便在控制了个体社会人口特征、社会经济地位指标、社会网络、健康行为，甚至客观健康体测指标后依然存在。另外，自评一般健康对死亡风险的预测力不受调查所使用的语言和具体措辞的影响，在不同人口中其强度大小相当稳定。因此，伊德勒和本亚米尼（Idler and Benyamini 1997）认为，自评一般健康是反映个体健康状况的非常有效的综合性指标。与其他指标相比，自评一般健康体现了关于健康的几乎所有方面，包括那些健康体测无法检测到的感觉和变化，代表着主体对疾病严重程度的综合判断和预测，甚至反映了被访者家庭病史等与健康变化轨迹密切相关的重要内容。在另一项综述性研究中，本亚米尼和伊德勒（Benyamini and Idler 1999）进一步回顾了1995~1998年间发表的另外19篇相关文献。他们发现，尽管较新的研究使用了更为复杂的模型分析方法，但是自评一般健康与死亡风险的关系保持不变。

利用美国健康与营养监测调查（the National Health and Nutrition Examination Survey）的有关数据，费拉罗和凯利摩尔（Ferraro and Kelley – Moore 2001）指出，过去的研究由于只使用调查基期的自评一般健康状况，实际上导致了对个体自评一般健康和死亡风险之间关系的低估。在他们的分析中，当只考察被访者基期的自评一般健康状况时，其对死亡风险的效应只在白人样本中显著，而对黑人样本并不显著。但是，当将自评一般健康作为一个随时间变动的变量纳入模型后,无论是白人群体还是黑人群体,其对死亡风险均有显著的预测效力。本杰明斯等人(Benjamins et al. 2004)进一步检验了美国成年人中自评一般健康与死因别死亡风险的关系。研究结果表明,在控制了社会人口特征、基期健康状况及健康行为后,自评一般健康与死因为糖尿病、传染性和呼吸道疾病的死亡风险最为密切,它还与心脏病、中风及癌症等死因中度相关。不过,自评一般健康与意外事故、凶杀、自杀等死亡风险不存在显著关系。这些结果进一步证明了自评一般健康确实包含了关于被访者真实健康状况的重要信息。弗兰肯伯格和琼斯(Frankenberg and Jones 2004)提供了一个发展中国家的例子。他们对印度尼西亚家庭生活调查(the Indonesia Family Life Survey, IFLS)的三期跟踪数据的分析表明,自评一般健康为"差"的个体在调查跟踪期内死亡的概率明显高于自评一般健康为"好"的个体。这一结果无论对男性样本还是女性样本均成立,而且在控制了营养状况、生理和机体活动能力、高血压以及抑郁等众多健康指标后仍然显著。

然而,在特定人口内部自评一般健康与死亡风险存在关系并不必然意味着自评健康指标具有跨人群可比性(Mathers 2003)。与大量关于自评一般健康和死亡关系的研究相比,我们对自评一般健康的跨人群可比性知之甚少,目前为数不多的研究也主要集中于发达国家之间,其结论一般认为自评健康指标具有一定程度的可比性。利用1990年世界价值观调查数据,卡尔森(Carlson 1998)研究指出,从自评一般健康的样本分布来看,东欧国家与西欧国家的居民健康水平之间存在着巨大的差异。分国别的男性和女性自评一般健康与相应的心脏病发病率具有一定的对应关系,因而这种东欧与西欧国家间在自评一般健康方面的差异不太可能是由于东西欧的文化差异造成的。于尔海等人(Jylha et al. 1998)利用欧洲老龄化跟踪调查(the European Longitudinal Study on Aging)数据比较了意大利和芬兰的自评一般健康状况。分析结果显示,当对一些与健康有关的变量进行调整后,男性和女性的自评一般健康之间不存在显著差异。另外,两国之间关于自评一般健康的关联结构很相似,并无系统差异。钱多拉和詹金森(Chandola and Jenkinson 2000)利用英国有关健康调查的数据分析了不同种族间的自评一般健康。他们发现,在所有种族中,自评一般健康均与其他反映疾病的客观指标密切相关,并且没有迹象表明这种关系存在种族差异。班克斯等人(Banks et al. 2006)对比分析了英国和美国的国民健康状况。无论是使用自评的健康指标,还是客观的生物体测结果,分析结果均表明美国民众的健康水平不如英国民众。在两国人口之间以及在任一国家内部处于不同社会地位的群体之间,有关自评健康指标的排序与生物指标基本一致。因此,班克斯等人认为自评/自报指标所固有的一些问题并不影响其在美国和英国之间的可比性。俞格斯(Jürges 2007)检验了部分欧洲国家之间自评一般健康的可比性问题。研究结果指出,与基于更客观的健康指标所构建的健康指数相比,自评一般健康倾向于高估各国之间的健康差异,这可能与自我评价的文化差异有关。不过,即便存在这种由于文化差异所导致的回答行为异质性问题,自评一般健康仍能有效反映各国居民间的不同健康水平。

与上述有关发达国家的研究相比,很少有研究考察发展中国家之间自评一般健康的可比性问题。齐默等人(Zimmer et al. 2000)分析了3个东亚社会(菲律宾、泰国和中国台湾)的自评一般健康与其他客观健康体测指标之间的关系。结果显示,在这些社会中,自评一般健康与其决定因素之间的关联结构基本相似。不过,即便在控制了一系列客观健康指标后,自评一般健康仍然存在显著的社会别残差效应。齐默等人将这一未解释的残差效应归结为健康自评中所体现的社会文化差异。

与自评一般健康和死亡风险所表现出来的一致性关系相对应,有不少研究考察了自评健康指标在测量个体真实健康状况时可能导致的偏误问题。例如,托马斯和弗兰肯伯格(Thomas and Frankenberg 2002)指出,在评估自评健康指标的效度时,最大的困难就是我们对每个被访者的"真实"健康状况知之甚少。利用美国健康与营养监测调查数据,托马斯和弗兰肯伯格比较了个体自报的身高和体重与客观测量的身高与体重之间的关系,由于后者几乎只受随机测量误差的影响,因此一定程度上可以将其视为"真值"。分析结果表明,自报的身高和体重具有非随机性的测量误差,这些测量误差与个体特征之间的关系非常复杂。托马斯和弗兰肯伯格利用印度尼西亚家庭生活调查(IFLS)项目的第二期调查数据,分析了自评一般健康与其他生理健康指标之间的关系。他们发现,自评一般健康确实包含了关于个体健康状况的非常重要的信息。但是,自评健康同样还受到了个体特征与生活经历的影响,如社会经济地位、健康服务利用以及关于怎样才算是"健康"的个人标准等。

萨达纳等人(Sadana et al. 2002)强调,由于对健康的界定标准不同、期望不同、认知过程不同,被访者关于健康的自我感知并不等于其真实的健康状况。这些差异严重影响了自评健康指标的跨人群可比性。基于对46个国家的家庭调查数据的比较分析,萨达纳等人研究指出,男性被访者的健康自评一般好于女性被访者,而且在部分非洲国家,不同年龄群体的健康自评结果甚至不存在显著差异。萨达纳等人的这些分析结果表明,不同性别和年龄群体关于自评健康的回答行为存在明显的异质性。然而,由于在他们所分析的数据中,不同国家的健康自评指标并不一致,因而该研究有可能夸大了自评健康的跨人群不可比问题。例如,有些国家的调查询问的是被访者的自评一般健康状况,而另外一些国家的调查所收集的信息则是自报病史。此外,有研究表明,即使在同一国家内部,不同文化群体间的自评一般健康也可能存在不可比问题。例如,巴伦埃培尔等人(Baron-Epel et al. 2005)研究指出,以色列的阿拉伯人和犹太人在健康自评中存在系统的文化差异。通过对1999~2001年以色列健康与营养调查(the Israel National Health and Nutrition Survey)数据的分析,巴伦埃培尔等人发现,阿拉伯人比犹太人的自评健康状况更好,尽管前者的预期寿命更低、各种疾病发生率和死亡率普遍更高。

如何识别和调整自评健康指标所存在的回答偏误(reporting biases)已经成为国际健康比较研究中的难点和热点问题(Murray et al. 2002;Tandon et al. 2002;Salomon et al. 2004;King et al. 2004;Jürges 2007)。最近,有研究者提出,在健康调查中利用辅助的固定情境(anchoring vignettes)问题,即让被访者在评价自身健康的同时还根据情境描述评价一系列特定假想人物的健康状况。这样,我们可以通过这些辅助的虚拟情境问题识别每个被访者的回答模式,并据此调整自评一般健康中回答行为的异质性问题(Tandon et al. 2002; Murray et al. 2002; Salomon et al. 2004; King et al. 2004; Jones et al. 2007)。例如,坦登等人(Tandon et al. 2002)介绍了一种异质性定序 Probit 模型(Heterogeneous Ordered Probit Model, HOPIT)。该模型允许不同个体的自评一般健康具有不同的切点(cut points),这些切点的具体位置取决于被访者的个体特征并由调查数据中有关固定情境问题的回答结果所拟合估计。由于这些固定情境问题所描述的健康状况完全相同,因此其回答差异可以完全视为被访者回答行为异质性的结果。通过控制不同被访者自评健康的具体切点位置,我们就可以排除回答偏误的影响,从而有效解决自评健康指标的不可比性问题。不过,这种方法隐含着两个关键假定(King et al. 2004):第一,它假定被访者在评价固定情境问题所描述的健康状态时与评价本人的健康状况时所使用的标准一致,即回答一致性(response consistency);第二,所有被访者对固定情境问题的理解相同,即情境一致性(vignette equivalence)。所罗门等人(Salomon et al. 2004)利用固定情境方法分析了多国居民的自评运动能力。他们发现,在不同年龄组和不同国家之间,自评运动能力存在明显的回答偏误,如果不做任何调整而直接比较这些回答结果有可能得出误导性的结论。

遗憾的是,目前可得的健康调查数据中包含固定情境问题的非常少,尤其是对国际比较研究而言。加之,有针对性地设计关于健康的特定具体维度,如运动能力的固定情境问题相对容易,但是设计针对自评一般健康的固定情境的问题则困难得多。由于自评一般健康反映的信息更综合、更不具体,如何保证相应固定情境问题的回答一致性和情境一致性则是一项严峻的挑战。

除了上述方法之外,另一种考察自评一般健康的回答行为异质性问题的方法是在调查数据中收集其他能够更有效反映被访者真实健康状况的信息（Iburg et al. 2002；Lindeboom and Van Doorslaer 2004；Jürges 2007）。该方法的基本思路是，如果我们能够在一定程度上了解被访者的真实健康状况，那么将自评一般健康与之相比，其中的差异自然反映了自评一般健康指标所包含的回答偏误。例如，林德布姆和范杜尔斯勒（Lindeboom and Van Doorslaer 2004）利用麦克马斯特健康效用指数（McMaster Health Utility Index，HUI）来测度被访者的"真实"健康状况，分析了加拿大人口中有关自评一般健康的回答行为异质性问题。分析结果表明，在加拿大人口中，不同年龄和性别的群体其健康自评存在明显的回答行为异质性或切点位移（cut-point shifts）问题。不过，这一问题在不同教育程度、收入水平和文化群体之间并不显著。这种利用"真实"健康状况与自评一般健康指标进行对比的方法其主要局限性在于，它严重依赖于关于"真实"健康状况的测量工具。该方法假定，我们能够完全测量真实健康状况并对其加以控制；因而所有残留的与"真实"健康状况不一致的自评一般健康结果都是由回答行为异质性或切点位移现象引起的。在现实中，我们很难有一个这样完美的指标全面反映被访者的"真实"健康，因此只能通过一些常用的其他综合性健康指标来近似。

如上所述，尽管已经有不少研究考察了自评一般健康的效度和跨人群可比性问题，这些研究主要来自发达国家。相对而言，我们对发展中国家的情况知之甚少。在本章，笔者将采用与林德布姆和范杜尔斯勒（Lindeboom and Van Doorslaer 2004）以及俞格斯（Jürges 2007）相似的分析策略，比较分析3个发展水平不同、文化各异的发展中国家的自评一般健康状况。这3个国家分别是中国、印度尼西亚和墨西哥。本章的分析主要检验这些国家中自评一般健康的效度与可比性问题。具体而言，本章所要回答的问题包括：在这3个国家中，自评一般健康与其他健康指标之间存在怎样的关系？自评一般健康在不同人群之间是否存在回答行为的异质性？这种回答行为异质性是否在不同国家有所差别？

4.3 数据与方法

4.3.1 数据

尽管中国、印度尼西亚和墨西哥均为发展中国家,三国在历史、文化、经济发展水平以及政治体制等方面存在着巨大的差异。自从20世纪70年代末以来,受惠于经济改革和对外开放政策,中国保持了长达30多年的经济高速增长,人民生活水平得到极大的改善。按照2005年联合国人类发展报告的有关数据,2003年中国的人口预期寿命为71.6岁,根据购买力平价(purchasing power parity,PPP)计算的人均GDP大约为5000美元。相比之下,印度尼西亚在20世纪末经历了一场严重的经济危机,2003年时其人口预期寿命和人均GDP水平分别大约为66.8岁与3000美元,均明显低于中国。墨西哥是最富裕的发展中国家之一,其2003年时的人口预期寿命超过75岁,人均GDP超过9000美元。对这3个社会发展水平差异巨大的发展中国家的比较分析有助于我们了解不同人口的健康自评指标之间可能存在的系统差异。

在本章的分析中,关于中国的数据取自2008年中国流动与健康调查(the Internal Migration and Health survey in China,IMHC)。该项目由美国加州大学洛杉矶分校和首都医科大学联合实施,调查采用分层整群随机抽样的方法,对中国150个镇级单位中随机选出的3000名18~64岁的被访者进行了调查。调查问卷的内容涉及被访者的基本社会人口信息、迁移流动史、教育和职业经历、家庭和婚姻状况以及被访者的详细生理和心理健康状况等。在由专业的调查员完成问卷调查后,经过培训的社区医务人员还对被访者进行了详细的健康状况调查和简单的体检,其中健康调查的内容包括慢性病史和急性病史、健康行为、健康服务和保险等信息,体检所收集的信息包括被访者的身高、体重、血压、肺活量等体征状况。在IMHC调查中,共询问了两次被访者的自评一般健康状况。其中,第一次是在问卷的心理健康部分,并由专业调查员完成提问;第二次是在由社区医务人员询问了被访者非常详尽的疾病史和健康行为后,要求被访者重新评价自己的一般健康状况。

印度尼西亚家庭生活调查(the Indonesia Family Life Survey, IFLS)和墨西哥家庭生活调查(the Mexican Family Life Survey, MxFLS)是目前在发展中国家进行的大型跟踪调查项目。与其他的社会调查项目相比,IFLS 和 MxFLS 均收集了关于被访者非常丰富的健康信息,包括自评一般健康、严重疾病史、日常活动能力(Activities of Daily Living, ADLs)、慢性病和急性病状况、心理健康,以及各种健康体测指标。由于 MxFLS 项目是以 IFLS 为模板进行的,因而这两个调查在许多方面非常相似,很适合用于国际比较研究。

截至目前,已经公开的 IFLS 调查数据共有三期。1993 年,第一期 IFLS 调查了随机选取的 7224 个印度尼西亚家庭中的超过 22000 名对象。这些被访者涵盖了印度尼西亚 27 个省份中的 13 个,覆盖了其总人口的 83%。第二期和第三期 IFLS 分别在 1997 年与 2000 年对这些被选中的家庭进行了跟踪调查。在第三期 IFLS 调查中,所有参与第一期调查的家庭,包括由这些家庭中的成员另行组建的新家庭,都被重新访问,最后共成功访问了 10435 个家庭的 37173 名对象(Strauss et al. 2004)。目前,MxFLS 已经完成了两期调查。其中,第一期始于 2002 年,共调查了墨西哥随机选取的超过 8400 户家庭中的所有 12 岁及以上的成员。第二期 MxFLS 在 2005 年对这些家庭进行了跟踪调查(Rubalcava and Teruel 2006)。在本章的分析中,考虑到时间上的可比性,将主要使用第三期 IFLS 和第一期 MxFLS 的数据。此外,为了与本书其他章节保持一致,下面的分析中只包括年龄在 25~74 岁的 IFLS 和 MxFLS 样本。

4.3.2 方法

本章通过对上述数据拟合与林德布姆和范杜尔斯勒(Lindeboom and Van Doorslaer 2004)类似的异质性定序 Probit 模型(HOPIT),以检验自评一般健康的效度与回答偏误问题。

定序 Probit 模型假定存在一个关于真实健康状况的潜变量(H^*),自评一般健康(H^s)是对该潜变量的一种粗糙测量,并有

$$H^s = i \Leftrightarrow c_{i-1} < H^* \leq c_i, \ i = 1, \cdots, k \quad (4.1)$$

其中,k 表示自评一般健康所包括的类别数;c_i 为相应的切点,并且满足 $c_0 = -\infty$ 和 $c_k = +\infty$。在 HOPIT 模型的框架下,允许 c_i 随着个体特征(X)如年龄、性别、社会经济地位等的变动而变动,即有

$$c_i = g_i(X\beta_i), \ i = 1, \cdots, k-1 \quad (4.2)$$

另外,真实健康状况(H^*)往往是无法直接观测的,因而我们只能通过其他的一般性健康指标来对其进行近似。例如,林德布姆和范杜尔斯勒(Lindeboom and Van Doorslaer 2004)使用一个健康效用指数来代表真实健康状况。在本章的分析中,将真实健康状况界定为数据中所收集的一系列具体的健康测量指标(H^0)的函数。这些测量指标包括严重疾病史、慢性病状况、急性病状况或疼痛感、心理健康状况以及一系列客观的体测指标。这样就有

$$H^* = f(H^0, \varepsilon; \alpha) \quad (4.3)$$

将式(4.1)、式(4.2)和式(4.3)相结合,本章所使用的 HOPIT 模型可表示为

$$H^s = i \Leftrightarrow g_{i-1}(X; \beta_{i-1}) < f(H^0, \varepsilon; \alpha) \leq g_i(X; \beta_i) \quad (4.4)$$

值得指出的是,式(4.4)是对 HOPIT 模型的一般形式的简化。其一般形式不仅允许真实健康状况(H^*)表示为其他健康测量指标(H^0)的函数,而且真实健康状况可以随着其他个体特征变量(X)的变化而变化,即

$$H^* = f(H^0, X, \varepsilon; \alpha, \gamma) \quad (4.5)$$

以及

$$H^s = i \Leftrightarrow g_{i-1}(X; \beta_{i-1}) < f(H^0, X, \varepsilon; \alpha, \gamma) \leq g_i(X; \beta_i) \quad (4.6)$$

由模型待估计参数个数与模型约束条件可知,除非数据中包含固定情境变量等额外信息或者对模型参数设定更多的约束条件,当相同的个体特征变量既出现在关于自评一般健康的切点(c_i)的函数中,又出现在关于真实健康

状况的函数中时,式(4.6)无法拟合。相比之下,简化形式的式(4.4)可以拟合,但是它的隐含假定是,H^0反映了所有基于真实健康状况不同而导致的自评一般健康的变动,因而所有自评一般健康的残余差异都是由不同个体特征之间的回答行为异质性所引起的。

在定序 Probit 模型的框架下,式(4.4)可以进一步表示为

$$\Pr(H^s = i) = \Phi\left[\frac{g_i(X;\beta_i) - f(H^0;\alpha)}{\sigma}\right] - \Phi\left[\frac{g_{i-1}(X;\beta_{i-1}) - f(H^0;\alpha)}{\sigma}\right]$$

(4.7)

其中,$\Phi(\bullet)$表示累计标准正态分布函数。该模型可以通过用户编写的 Stata 程序"gop"拟合(Jones et al. 2007)。

本章对上述的中国、印度尼西亚和墨西哥的调查数据分别拟合式(4.7),比较自评一般健康与其他健康指标的结构关系,以及不同群体对自评一般健康回答行为之间可能的差异。从一定意义上来说,对3个国家的数据进行合并,并对其拟合同一的模型,将国家作为协变量来考察其主效应和可能的交互效应更有效率且便于比较相应模型的效应。不过,由于不同调查中所使用的关于自评一般健康的回答类别存在差异,因而通过合并三国数据进行统一分析的做法并不可行。例如,在中国流动与健康调查(IMHC)中,自评一般健康的回答选项分别为"很好"、"好"、"一般"和"差";在第三期 IFLS 调查中,相应的回答选项为"非常健康"、"比较健康"、"比较不健康"和"非常不健康";而在第一期 MxFLS 中,相应测度的选项为5个类别,即"很好"、"好"、"一般"、"差"和"很差"。此外,尽管三项调查都收集了非常丰富的健康信息,但是其使用的具体指标却有所不同。表4.1给出了在下文分析中用于构建"真实"健康状况的变量及其具体界定方法。

第4章 自评一般健康的效度和跨人群可比性

表4.1 本研究所使用的健康指标及其具体定义

变量名	中国	印度尼西亚	墨西哥
自评/自报指标			
严重疾病	无	在过去12个月中,曾患过严重的疾病	在过去曾患过严重的疾病
慢性病状况	在过去被确诊过以下11种慢性病的种类数:高血压、糖尿病、高血脂、心脏病、中风、肾结石或其他肾疾病、支气管炎/肺气肿/肺炎/哮喘或其他肺部疾病、消化道溃疡/胃食管返流性疾病/胃肠炎或其他胃肠道疾病、癌症或恶性肿瘤、肝炎/胆结石或其他肝胆疾病以及肺结核	在10个关于日常生活自理能力(activities of daily living, ADLs)的问题中回答"否"的个数	在过去被确诊过以下7种慢性病的种类数:高血压、糖尿病、心脏病、癌症或恶性肿瘤、关节炎或风湿症、胃溃疡以及偏头痛
急性病状况	在过去30天中被访者是否患过以下疾病:感冒、流感、急性肺炎、耳部感染、伴随呕吐或腹泻的胃部或食道疾病	在过去4周内出现过下列12种症状的种类数:头痛、流鼻涕、咳嗽、呼吸困难、发烧、胃疼、恶心/呕吐、腹泻、关节疼痛或红肿、皮肤感染、眼部感染以及牙疼	在过去4周内出现过下列12种症状的种类数:流感、咳嗽、呼吸困难、胃疼、恶心/呕吐、腹泻、关节疼痛或红肿、皮肤感染、眼部感染、牙疼、头痛以及发烧

续表

变量名	中国	印度尼西亚	墨西哥
自评/自报指标			
疼痛感	在过去 3 个月内经常出现下列症状的种类数:头痛、头晕、眼睛酸胀、喉咙痛、肌肉和关节僵硬、肩颈或腰部酸痛、走路时感到双腿沉重、静息时感到胸闷或气短、心区不适或胃部不适	无	无
抑郁症	CES-D 抑郁量表,共包括 20 个项目,得分大于等于 16 被视为抑郁	被访者对过去 4 周内精神健康的问题回答为负面的个数(共 8 个)	被访者对过去 4 周内精神健康的问题回答为负面的个数(共 21 个)
失眠	关于下列 5 个问题中回答结果为括号内所给出选项的个数:"你是否经常感到入睡困难"(经常);"你是否经常在半夜醒来"(经常);"你是否经常醒得太早而且无法再入睡"(经常);"你是否经常在白天或傍晚感到困倦而需要打个盹儿"(经常);"你是否经常在早上醒来时感到休息得很充分"(极少/从不)	无	无

续表

变量名	中国	印度尼西亚	墨西哥
客观体测指标			
血压	取3次测量的平均值,收缩压大于等于140或舒张压大于等于90被定义为高血压	同左	同左
体质指数（BMI）	体质指数等于所测量的体重(千克)除以身高(米)的平方,其取值小于18.5为体重偏轻、18.5~25为正常、25~30为超重、大于等于30为肥胖	同左	同左
血红蛋白	无	如果值小于12g/dl,则定义为低血红蛋白	同左
肺活量	如果3次测量的均值小于250ml,则定义为肺活量偏低	同左	无

4.4 主要分析结果

4.4.1 中国

在IMHC中,共询问了两次被访者的自评一般健康状况。其中,第一次是由专业调查员在询问心理健康部分时作为第一个健康问题提问;第二次是由社区医务人员在详细询问了被访者的一系列具体的健康状况和行为问题之后再次提问自评一般健康。这样做的初衷是想检验自评一般健康是否会受到题目次序的影响,尤其是考察被访者在回顾了一系列具体的健康问题之后是否会改变对自己一般健康状况的评价。表 4.2 列出了 IMHC 中两次询问自评一般健康问题的回答结果的交叉列联表。总体上来看,这两次测量的结果具有很强的正相关关系($\gamma = 0.768$, $SE = 0.013$)。这表明,自评一般健康在一定程度上是稳定的、一致的健康测量指标。不过,在两次测量中,仍然有部分被访者改变了自己的健康评价结果,这种改变主要出现在相邻类别之间。例如,在第二次回答健康自评为"好"的被访者中,有 30% 的人第一次的回答结果为"一般"。相比之下,只有很少被访者在两次测量中其评价结果从"很好"变成了"差"或者相反(各约占 2%)。通过对比自评一般健康问题的两次回答结果不难看出,各类别选项中最稳定的一组为"差",第二次回答为"差"的被访者中有 73% 的人在第一次也做出了相同的评价。

表 4.2　IMHC 中被访者两次回答自评一般健康问题的交叉列联表(%)

第一次的回答	第二次的回答			
	很好	好	一般	差
很好	53	14	3	2
好	28	52	15	4
一般	17	30	71	22
差	2	3	10	73
小计	100	99	99	101
N	541	963	1197	282

注:$\gamma = 0.768$($SE = 0.013$)。

除了自评一般健康之外,IMHC 还收集了关于被访者非常丰富的个体健康信息,包括 11 种常见的慢性病史、在过去 30 天的急性病患病情况、自我感知的疼痛和身体不适、失眠以及一个包括 20 个项目的抑郁量表。在问卷调查结束后,社区医务人员进一步采集了被访者的身高、体重、血压、肺活量等指标。本研究结合使用这些主、客观健康指标,以反映被访者的"真实"健康状况,从而拟合 HOPIT 模型。在本研究所拟合的模型中,允许自评一般健康的切点可以随被访者的年龄、性别、教育程度和家庭收入的变动而变动。表4.3给出了相应变量的统计分布情况。

表 4.3 IMHC 调查数据中相应变量的统计分布情况

变量名	均值/比例	标准差	最小值	最大值	N
年龄	42.891	12.499	18	64	3000
性别	.395		0	1	3000
家庭收入(千元)	37.586	60.557	0.8	37.5	2809
教育程度					
小学及以下	.289		0	1	2999
初中或高中	.584		0	1	2999
大专及以上	.127		0	1	2999
自评一般健康(第一次)					2999
很好	.157		0	1	2999
好	.285		0	1	2999
一般	.436		0	1	2999
差	.123		0	1	2999
自评一般健康(第二次)					2984
很好	.181		0	1	2984
好	.323		0	1	2984
一般	.401		0	1	2984
差	.095		0	1	2984
慢性病状况	.711	1.031	0	7	2975
急性病状况	.386		0	1	2983
失眠	.735	1.021	0	5	2977
疼痛感	.584	1.338	0	10	2976
抑郁	.241		0	1	3000

续表

变量名	均值/比例	标准差	最小值	最大值	N
体质指数(BMI)	23.817	3.583	14.808	40.859	2809
≤18.5	.043		0	1	2809
18.5~25	.626		0	1	2809
25~30	.276		0	1	2809
>30	.055		0	1	2809
高血压	.083		0	1	2810
低肺活量	.283		0	1	2810

注:有关健康指标的具体定义,请参见表4.1。

本分析将两次自评一般健康分别作为因变量拟合 HOPIT 模型,具体拟合结果详见表4.4。由表中数据可见,关于自评一般健康的两次测量结果均表现出与其他自评或自报健康指标的强相关关系,不过它们与客观体测指标的关系则明显较弱。具体而言,两次自评一般健康的回答结果与被访者自报的慢性病状况、急性病状况、抑郁和疼痛感具有显著的关系。被访者自报曾被确诊过的慢性病数量越多,其自评一般健康状况也明显较差;在过去30天内患过至少一种急性病的被访者,其自评一般健康状况也较差。类似地,抑郁症患者以及自报有更多疼痛或不适感的被访者,其自评一般健康状况较差。失眠症状与自评一般健康也存在一定的关系,不过相应关系只在第二次回答结果的模型中具有统计显著性。与上述结果相对照,自评一般健康与模型中所包括的客观体测指标只存在微弱的关系。事实上,只有体质指数(BMI)与两次自评一般健康结果都具有显著的相关关系。体重偏轻的被访者(BMI在18.5以下)的自评一般健康状况比体重正常的被访者(BMI在18.5~25)更差一些。此外,在两次自评一般健康的测量之间还存在一些不一致的结果。其中,第一次的自评一般健康状况与肺活量具有显著的相关关系,而第二次的自评结果却与高血压显著相关。概括而言,表4.4的结果显示,自评一般健康可以很好地反映特定维度的健康状况如既往病史和疼痛感,但它在反映那些个体不易察觉的机体变化时并不那么有效(Murray and Chen 1992),这也就不难理解为什么它与客观体测指标之间仅存在弱相关关系。

表 4.4 关于中国自评一般健康的 HOPIT 模型结果

变量名	回归系数	
	第一次自评一般健康	第二次自评一般健康
慢性病状况	.225***	.270***
	(.024)	(.024)
急性病状况	.297***	.370***
	(.045)	(.046)
抑郁	.452***	.291***
	(.053)	(.053)
失眠	.024	.082***
	(.023)	(.023)
疼痛感	.148***	.192***
	(.019)	(.019)
高血压	.114	.194*
	(.083)	(.083)
体质指数		
≤18.5	.269*	.308**
	(.108)	(.108)
18.5~25	—	—
25~30	−.075	−.030
	(.051)	(.051)
>30	.034	−.069
	(.096)	(.096)
低肺活量	.102*	.065
	(.051)	(.051)
切点 1		
年龄	−.027***	−.012***
	(.003)	(.003)
男性	.034	.123
	(.067)	(.064)

续表

变量名	回归系数	
	第一次自评一般健康	第二次自评一般健康
教育程度		
小学及以下	—	—
中学	−.042 (.083)	−.122 (.076)
大专及以上	−.059 (.117)	−.057 (.110)
家庭收入	.001 (.0005)	−.00002 (.0005)
截距项	.434** (.157)	.077 (.147)
切点2		
年龄	−.016*** (.002)	−.014*** (.002)
男性	−.031 (.055)	.056 (.056)
小学及以下	—	—
中学	.021 (.063)	.060 (.063)
大专及以上	.090 (.096)	.175 (.097)
家庭收入	.002*** (.0004)	.001** (.0004)
截距项	.902*** (.130)	1.023*** (.132)
切点3		
年龄	−.002 (.003)	−.00001 (.004)
男性	.119 (.075)	.057 (.083)
教育程度		
小学及以下	—	—

续表

变量名	回归系数	
	第一次自评一般健康	第二次自评一般健康
中学	.122 (.077)	.141 (.086)
大专及以上	.837*** (.182)	.680*** (.191)
家庭收入	.0002 (.0006)	-.00003 (.0007)
截距项	1.727*** (.173)	1.999*** (.197)
对数似然值	-2934.355***	-2907.236***
N	2624	2624

注：括号中数值为标准误差。$^*p<.05$；$^{**}p<.01$；$^{***}p<.001$。

在控制了每个被访者的"真实"健康状况后，HOPIT 模型将所残余的自评一般健康随被访者个体特征的变异归结于回答行为的异质性或切点位移现象。对于两次的自评一般健康结果，其各类别对应的切点都存在着明显的年龄差异。所有关于年龄的估计系数均为负值，这表明年龄较大的群体其自评一般健康的切点小于年轻群体；也即给定同样的健康状况，老年人似乎更加悲观而对自己的健康评价较低。这种趋势对自评一般健康的前两个切点（即"很好"和"好"之间以及"好"和"一般"之间）非常显著，也即给定相同的"真实"健康水平，老年人选择回答"很好"或"好"的可能性相对较小。不过，对于最后一个切点（即"一般"和"差"之间），相应的年龄效应并不显著，其值接近零。

此外，模型结果还显示，在不同教育程度和家庭收入水平的被访者之间，也存在着一定的切点位移问题。对于第二个切点，两个模型中家庭收入的效应均为正，这表明富裕的被访者更有可能回答健康状况为"好"。类似地，对于第三个切点，教育程度具有正效应，也即在控制了被访者的"真实"健康状况后,受过高等教育的被访者比教育程度为小学及以下的自评一般健康为"差"的可能性较低。最后,在两个模型中,性别对各切点的效应均不显著。

4.4.2 印度尼西亚

第三期印度尼西亚家庭生活调查(IFLS)同样询问了两次被访者的自评健康状况,不过这两个问题的措辞略有区别。其中,第一个问题与大多社会调查的自评一般健康问题一致,询问被访者"总地来说,您觉得您的健康状况怎么样";第二个问题则询问被访者的自评相对健康状况,即"与您性别相同、年龄相仿的人相比,您觉得您的健康状况怎么样"。表 4.5 列出了第三期 IFLS 中关于自评一般健康和自评相对健康的回答结果的交叉列联表。由该表的数据不难看出,自评一般健康和自评相对健康具有一定的正相关关系,不过二者的相关关系很弱($\gamma = 0.339, SE = 0.017$)。事实上,两个变量的分布存在明显的差异。例如,在认为自己的健康状况比性别相同、年龄相仿的其他人差的被访者中,有 44% 的人认为自己"比较健康";而在认为自己健康状况比其他人好的被访者中,有 11% 的人认为自己"比较不健康"。因此,至少在第三期 IFLS 样本中,当被访者被问及自评一般健康问题时,没有证据表明他们的回答主要取决于与个体特征相似的参照群体进行比较的结果。

表 4.5 第三期 IFLS 中被访者自评一般健康与自评相对健康的交叉列联表(%)

自评一般健康	自评相对健康(与自己性别相同、年龄相仿的人相比)		
	比其他人好	差不多	比其他人差
非常健康	9	7	2
比较健康	79	82	44
比较不健康	11	11	52

第4章 自评一般健康的效度和跨人群可比性

续表

自评一般健康	自评相对健康(与自己性别相同、年龄相仿的人相比)		
	比其他人好	差不多	比其他人差
非常不健康	0	0	2
小计	99	100	100
N	4193	11998	1133

注:$\gamma = 0.339(SE = 0.017)$。表中样本只包括在调查时点年龄在25~74岁的被访者。

与前面讨论的中国的情况相似,本章在关于印度尼西亚的分析中,对个体"真实"健康状况的测量既包括了被访者自评或自报的健康信息,也包括了基本的健康体测指标。具体而言,这里所使用的自报健康状况有在过去12个月内是否患过严重疾病、在10项关于日常生活自理能力(activities of daily living, ADLs)的问题中回答"困难"的数量、在过去4周患急性病的情况以及心理健康状况。由于第三期 IFLS 调查并未询问被访者的慢性病史,在此使用日常生活自理能力作为对被访者慢性病状况的替代性指标。IFLS所收集的客观体测指标包括血压、体质指数、肺活量以及血红蛋白水平(用于检测缺铁性贫血的重要指标)。表4.6列出了相应变量的统计分布情况。

表4.6 第三期 IFLS 调查数据中相应变量的统计分布情况

变量名	均值/比例	标准差	最小值	最大值	N
年龄	42.373	12.963	25	74	17565
男性	.475		0	1	17565
人均家庭收入					
前50%	.386		0	1	17565
后50%	.386		0	1	17565
缺失	.229		0	1	17565

续表

变量名	均值/比例	标准差	最小值	最大值	N
教育程度					
小学及以下	.598		0	1	17335
初中或高中	.323		0	1	17335
大专及以上	.080		0	1	17335
自评一般健康					
非常健康	.070		0	1	17327
比较健康	.791		0	1	17327
比较不健康	.137		0	1	17327
非常不健康	.002		0	1	17327
自评相对健康					
比其他人好	.242		0	1	17325
差不多	.693		0	1	17325
比其他人差	.065		0	1	17325
在过去12个月患过严重疾病	.073		0	1	17327
日常生活自理困难	.659	1.392	0	10	17328
过去4周患急性病状况	2.704	2.217	0	12	17328
心理健康较差	.389	.937	0	8	17328
体质指数(BMI)					
≤18.5	.150		0	1	16842
18.5~25	.648		0	1	16842
25~30	.166		0	1	16842
>30	.036		0	1	16842
高血压	.118		0	1	16945
低肺活量(<250ml)	.261		0	1	16788
低血红蛋白(≤12g/dl)	.274		0	1	16768

注:有关健康指标的具体定义,请参见表4.1。

针对第三期 IFLS 调查数据,本章分别以自评一般健康和自评相对健康作为因变量,拟合了 HOPIT 模型。表 4.7 给出了相应模型的主要拟合结果。由于 IFLS 的分析样本中自评一般健康的最后一个类别("非常不健康")只包括很少的观测值(0.2%),在拟合模型时将其与相邻类别("比较不健康")进行了合并。

表 4.7 关于印度尼西亚的自评一般健康和自评相对健康的 HOPIT 模型(回归系数)

	自评一般健康	自评相对健康
在过去 12 个月患过严重疾病	.596*** (.041)	.498*** (.038)
日常生活自理困难	.151*** (.009)	.157*** (.008)
在过去 4 周患急性病状况	.118*** (.005)	.017*** (.005)
心理健康较差	.119*** (.012)	.043*** (.011)
高血压	.020 (.034)	.004 (.031)
体质指数		
=18.5	.099*** (.031)	.117*** (.028)
18.5~25	—	—
25~30	−.002 (.029)	−.119*** (.027)
>30	−.073 (.057)	−.159** (.053)
低肺活量	.043 (.028)	.018 (.026)
低血红蛋白	.091*** (.025)	061** (.023)
切点 1		
年龄	−.008*** (.001)	.023*** (.001)

续表

	自评一般健康	自评相对健康
男性	-.071*	.066**
	(.033)	(.025)
教育程度		
小学及以下	—	—
初中或高中	-.075*	.259***
	(.035)	(.026)
大专及以上	.044	.329***
	(.055)	(.042)
人均家庭收入		
后50%	—	—
前50%	.065	.105***
	(.035)	(.025)
缺失	.073	-.009
	(.041)	(.030)
截距项	-.684***	-1.698***
	(.068)	(.050)
切点2		
年龄	-.006***	.002
	(.001)	(.001)
男性	-.036	-.095**
	(.030)	(.035)
教育程度		
小学及以下	—	—
初中或高中	.046	.163***
	(.032)	(.040)
大专及以上	.160**	.165*
	(.059)	(.071)
人均家庭收入		
后50%	—	—
前50%	.057	.123***
	(.031)	(.038)

续表

	自评一般健康	自评相对健康
缺失	-.040 (.035)	-.011 (.042)
截距项	2.019*** (.060)	1.693*** (.070)
对数似然值	-9337.533***	-11909.543***
N	16450	16450

注：括号中数值为标准误差。*p<.05；**p<.01；***p<.001。由于回答"非常不健康"的观测值非常少，模型对自评一般健康的最后两个类别进行了合并。人均家庭收入被作为一个分类变量纳入模型，其中包括一个专门的类别代表相应信息缺失的被访者。

与上一小节有关中国数据的研究发现相类似，印度尼西亚被访者的自评一般健康同样与其他的自评/自报健康指标密切相关。那些回答在过去12个月中患过严重疾病、日常生活自理困难、在过去4周患过多次急性病、心理健康状况较差的被访者，其自评一般健康状况均较差。另外，自评一般健康还与两项客观体测健康指标具有显著关系，它们分别是体质指数和血红蛋白水平。具体而言，体重偏轻的被访者更有可能对自己的一般健康状况评价较差，血红蛋白偏低的被访者也是如此。至于模型中所包括的其他两项客观体测指标（血压和肺活量），没有证据显示它们与自评一般健康有关。

关于自评相对健康的模型拟合结果显示，自评相对健康与其他自报健康指标和客观体测指标的关系与上文讨论的自评一般健康的情况基本一致。不过，模型结果还显示，那些体重超标和肥胖的被访者更倾向于认为自己的健康状况好于与自己性别相同、年龄相仿的其他人。这可能是因为，目前在发展中国家，这些体重偏重的被访者很有可能属于社会上层群体，其生活状况较好，对物质资源的控制更多，因此可能具有某种超越他人的社会优越感。

在控制了个体的"真实"健康状况后，模型结果给出了不同社会群体关于自评健康的切点差异。对自评一般健康的分析表明，不同年龄群体的印度尼西亚被访者存在着明显的切点差异。给定相同的健康水平，与年龄较小的人相比,年龄较大的被访者更倾向于回答自评一般健康较差,这一现象与关于中国数据的分析相一致。此外,不同性别和教育程度的被访者之间也存在健康自评回答行为的异质性问题。对于自评一般健康的第一个切点而言,男性具有显著的负效应,这表明,与女性被访者相比,男性更倾向于选择"比较健康"而不是"非常健康"。不过,对于第二个切点,性别的效应并不显著,也即关于性别对切点的效应在自评一般健康的所有类别之间并不是平行的或成比例的。不同教育程度群体的切点位移在各类别之间同样并不平行,甚至位移的方向都不一致。这些结果表明,自评一般健康的回答偏误相当复杂,很难对其进行简单有效的调整,这与托马斯和弗兰肯伯格(Thomas and Frankenberg 2002)的有关研究结论相似。最后,家庭收入对于自评一般健康的各个切点的效应均不显著,也即没有迹象表明不同收入群体之间关于自评一般健康具有回答行为异质性的问题。

相对而言,关于自评相对健康的切点位移的分析结果与自评一般健康的情况差别很大。与自评一般健康的切点所对应的年龄的负效应相反,年龄对自评相对健康切点的效应为正,这表明当被明确询问相对健康状况时,年龄较大的被访者倾向于降低自己关于健康的标准,而回答健康状况相对较好。给定相同的健康水平,年龄较大的被访者更倾向于认为自己的健康状况相对他人较好。不过对于"差不多"和"比他人差"两个类别的切点,年龄的效应并不显著。性别对自评相对健康的两个切点都具有显著效应,不过其方向正好相反。在控制了"真实"健康状况后,男性比女性更倾向于认为自己的健康相对于他人较好,但是他们也同样更倾向于认为自己的健康"比他人差",而女性则更多地选择"差不多"这个中间类别。此外,教育程度对所有自评相对健康的切点都具有非常显著的正效应。也即给定"真实"健康状况,当被访者被要求与自己性别相同、年龄相仿的人群进行比较时,受教育程度较高的群体对自己的健康状况相对更加乐观。与此相似,家庭收入同样对自评相对健康的切点具有显著的正效应。

4.4.3 墨西哥

墨西哥家庭生活调查(MxFLS)是以 IFLS 为模板设计的项目,因而二者之间具有很多共同点。第一期 MxFLS 同样收集了被访者关于自评一般健康和自评相对健康的信息,不过 MxFLS 在两个问题上所使用的回答类别选项与 IFLS 略有不同。表 4.8 列出了墨西哥被访者关于自评一般健康和自评相对健康回答结果的交叉列联表。考虑到两个变量的最后一个类别(即"很差"和"比他人差得多")均只包括非常少的观测值,本研究在模型拟合中分别将其与相邻类别进行了合并。与印度尼西亚的情况相同,墨西哥的自评一般健康和自评相对健康之间具有一定的正相关关系,但这种关系很微弱($\gamma = 0.382, SE = 0.014$)。由表 4.8 中的结果可见,两个变量的分布具有很大的区别。例如,在那些认为自己的健康状况比他人好得多的被访者中,有35%的人回答自评一般健康状况为"一般";相比之下,在那些认为自己的健康状况比他人差的被访者中,也有54%的人的自评一般健康状况为"一般"。因此,在墨西哥人口中,自评相对健康并不能很好地反映自评一般健康的情况,这一点与印度尼西亚的结果相同。

表 4.8 第一期 MxFLS 中被访者自评一般健康与自评相对健康的交叉列联表(%)

自评一般健康	自评相对健康(与自己性别相同、年龄相仿的人相比)			
	好得多	较好	差不多	差/差得多
很好	17	5	2	0
好	45	48	43	8
一般	35	44	51	54
差/很差	3	3	4	37
小计	100	100	100	99
N	409	3392	6464	923

注:$\gamma = 0.382(SE = 0.014)$。表中样本只包括在调查时点年龄在 25~74 岁的被访者。由于自评一般健康和自评相对健康的回答结果分别为"很差"和"差得多"的观测值非常少,本分析将其与相邻类别进行了合并。

与前面关于中国和印度尼西亚的讨论相类似,关于墨西哥的"真实"健康状况的测量也主要由一系列自评/自报健康指标和客观体测结果构成。其中,墨西哥数据中使用的自评/自报健康指标主要包括在过去是否患过严重疾病、慢性病状况、在过去4周的急性病患病情况以及心理健康状况。虽然第一期MxFLS也询问了被访者的日常生活自理能力(ADLs),不过这些问题只是针对年龄在50岁以上的被访者,因而本分析并未使用相应变量。客观体测指标主要包括被访者的血压、体质指数以及血红蛋白水平。表4.9给出了相应变量的统计分布情况。

表4.9 第一期MxFLS调查数据中相应变量的统计分布情况

变量名	均值/比例	标准差	最小值	最大值	N
年龄	43.362	12.993	25	74	11188
男性	.438		0	1	11188
人均家庭收入(前50%)	.500		0	1	10731
教育程度					
小学及以下	.612		0	1	11186
初中或高中	.310		0	1	11186
大专及以上	.078		0	1	11186
自评一般健康					
很好	.033		0	1	11188
好	.416		0	1	11188
一般	.485		0	1	11188
差	.062		0	1	11188
很差	.004		0	1	11188
自评相对健康					
比他人好得多	.037		0	1	11188
比他人好一些	.303		0	1	11188

续表

变量名	均值/比例	标准差	最小值	最大值	N
差不多	.578		0	1	11188
比他人差一些	.081		0	1	11188
比他人差得多	.002		0	1	11188
在过去患过严重疾病	.230		0	1	11188
慢性病状况	.442	.783	0	7	11188
过去4周患急性病情况	1.954	2.205	0	12	11188
心理健康状况	.899	2.279	0	21	11188
体质指数(BMI)					
≤18.5	.010		0	1	10466
18.5~25	.270		0	1	10466
25~30	.417		0	1	10466
>30	.303		0	1	10466
高血压	.159		0	1	10588
低血红蛋白(≤12g/dl)	.138		0	1	10294

注:有关健康指标的具体定义,请参见表4.1。

表4.10给出了对墨西哥被访者自评一般健康和自评相对健康拟合HO-PIT模型的结果。与前文对中国和印度尼西亚的数据分析结果相一致,墨西哥被访者的自评一般健康和自评相对健康均与其他自评/自报健康指标具有显著的相关关系。具体来说,在过去患过严重疾病、慢性病状况和急性病状况较为严重以及心理健康状况较差的被访者,其自评一般健康和自评相对健康的结果也相对较差。相对而言,自评一般健康与本分析中所考察的客观体测指标关系较弱,只有血红蛋白水平偏低的被访者其自评一般健康状况也显著较差。就自评相对健康而言,体质指数是唯一一项与其具有显著关系的体测指标。与印度尼西亚的情况相同,体重超标或肥胖的被访者更倾向于认为自己的健康状况比同性别、同年龄的其他人更好。对该现象的可能解释与上

文相同,社会优越感有可能影响了这些被访者的自评相对健康。

表 4.10 关于墨西哥被访者的自评一般健康和自评相对健康的 HOPIT 模型

变量名	回归系数	
	自评一般健康	自评相对健康
在过去患过严重疾病	.389***	.245***
	(.030)	(.029)
慢性病状况	.183***	.059***
	(.017)	(.016)
过去4周的急性病状况	.105***	.052***
	(.006)	(.006)
心理健康较差	.051***	.038***
	(.006)	(.005)
高血压	.002	.012
	(.034)	(.033)
体质指数		
=18.5	.009	.184
	(.120)	(.118)
18.5~25	—	—
25~30	.001	−.068*
	(.029)	(.029)
>30	−.049	−.112***
	(.032)	(.031)
低血红蛋白	.098**	048
	(.035)	(.035)
切点1		
年龄	.002	.012***
	(.002)	(.002)
男性	.001	−.053
	(.055)	(.051)
教育程度		
小学及以下	—	—
初中或高中	.299***	.206***
	(.067)	(.061)

续表

变量名	回归系数	
	自评一般健康	自评相对健康
大专及以上	.771***	.414***
	(.084)	(.086)
人均家庭收入前50%	.016	.109*
	(.057)	(.052)
截距项	−1.875***	−2.365***
	(.125)	(.117)
切点2		
年龄	−.009***	.011***
	(.001)	(.001)
男性	.072*	.012
	(.029)	(.029)
教育程度		
小学及以下	−	−
初中或高中	.346***	.278***
	(.033)	(.033)
大专及以上	.745***	.380***
	(.057)	(.054)
人均家庭收入前50%	.100***	.112***
	(.028)	(.028)
截距项	.392***	−.917***
	(.063)	(.064)
切点3		
年龄	−.015***	−.010***
	(.002)	(.002)
男性	.047	.231***
	(.049)	(.043)
教育程度		
小学及以下	−	−
初中或高中	.372***	.247***
	(.065)	(.052)

续表

变量名	回归系数	
	自评一般健康	自评相对健康
大专及以上	.778***	.385***
	(.168)	(.103)
人均家庭收入前50%	.105*	.032
	(.046)	(.041)
截距项	2.665***	1.873***
	(.103)	(.087)
对数似然值	-8441.569***	-9201.527***
N	9590	9590

注：括号中数值为标准误差。* $p<.05$；** $p<.01$；*** $p<.001$。由于回答"非常不健康"和"比别人差得多"的观测值非常少，模型对自评一般健康和自评相对健康的最后两个类别分别进行了合并。

在控制了被访者的"真实"健康状况后，模型结果显示了墨西哥不同社会群体关于自评健康的回答行为异质性问题。由表4.10的结果不难看出，墨西哥被访者的自评一般健康存在更严重的回答偏误。模型中包括的所有个体特征都对自评一般健康的切点具有显著效应。其中，年龄的效应与中国和印度尼西亚的分析结果基本一致，只不过第一个切点（"很好"和"好"之间）的年龄效应在统计上不具有显著性。性别对自评一般健康的第二个切点（"好"和"一般"之间）具有显著效应，即给定相同的健康水平，男性比女性更倾向于回答一般健康状况为"好"。教育程度对自评一般健康的所有3个切点均具有显著效应，所有结果一致显示，受教育程度较高的被访者更倾向于对个人的一般健康状况做出乐观的评价。与教育程度相似，人均家庭收入对自评一般健康的切点具有相似的效应，不过其对第一个切点的效应在统计上并不显著。

对墨西哥样本中自评相对健康的分析结果显示，教育程度和家庭收入对自评相对健康的切点的影响与上述自评一般健康的情况基本一致。性别只对自评相对健康的第三个切点（"差不多"和"比他人差/差得多"之间)具有显著效应。年龄的效应则在各切点之间明显不同,表明由于年龄因素而导致的切点位移并不满足平行性。与印度尼西亚的有关分析结果一致,年龄对自评相对健康的第一个切点的效应为正,这表明在被访者被要求将自己的健康状况与跟自己性别相同、年龄相仿的群体作比较时,年龄较大者倾向于降低关于健康的标准而表现得更为乐观。不过,在墨西哥样本中,年龄对自评相对健康的第三个切点的效应为负,这表示给定相同的健康水平,年龄较大的墨西哥被访者同样也更倾向于回答自己的相对健康状况比别人差。

4.4.4 小结

通过拟合 HOPIT 模型,本节分析了 3 个发展中国家的自评健康的回答行为异质性问题。无论是中国、印度尼西亚还是墨西哥,模型结果都表明,被访者自评一般健康状况与其他自评或自报健康指标具有密切关系,但其与客观健康体测指标关系则相对较弱。这表明,在不同社会中人们对自评一般健康的基本认知具有很强的一致性。此外,对印度尼西亚和墨西哥样本的自评相对健康的分析结果也展现了颇为相似的关联结构,比如在两个社会中被访者的自评相对健康都与体质指数具有一定的负相关关系,即体重超标的人反而自评相对健康结果更好。

与上述不同健康指标之间相关模式相类似的研究发现不同,3 个社会中关于自评一般健康的回答行为异质性模式存在很大的差异。对中国调查数据的分析表明,自评一般健康的切点在不同年龄群体之间存在系统差异,部分切点还受到了被访者教育程度和家庭收入水平的影响,但是在男性和女性之间则不存在显著的切点位移现象。对印度尼西亚样本的分析显示,自评一般健康的切点受到了被访者年龄的显著影响,而且部分切点还随着性别和教育程度的不同而变化,但是人均家庭收入对自评一般健康的切点不存在显著效应。相比之下,对墨西哥样本的分析结果则显示,所有上述个体特征都对自评一般健康的切点具有显著效应。这些研究发现表明,在大多数情况下,自评一般健康的切点位移在各个切点之间并不平行,这意味着关于自评一般健康的回答偏误非常复杂,因而很难通过简单的调整方法来处理这一问题。

对印度尼西亚和墨西哥样本的自评相对健康的模型分析表明,在进行健康自评时,明确设定一个具体的参照组并不能有效避免健康自评中的回答行为异质性问题。自评相对健康的切点不仅受到了被访者年龄和性别的影响,而且还受到了教育程度和家庭收入水平的强烈影响。

最后,值得指出的是,虽然3个国家的分析结果都表明关于自评健康的回答行为异质性问题确实存在,但是在大多数情况下个体特征对自评健康的切点的效应具有相同的方向,这意味着在利用自评健康指标进行国际比较时部分回答偏误的影响有可能会相互抵消。

4.5 结论与讨论

本章利用中国、印度尼西亚和墨西哥3个发展中国家的调查数据分析了自评一般健康的效度和可比性问题。本章的分析结果显示,在所有3个国家,自评一般健康与其他自评或自报健康指标具有很强的关联,而与客观体测结果只存在微弱的关系。自评一般健康与其他健康指标的关联结构在所分析的不同社会之间具有明显的相似性;而其与客观体测指标之间关系不强则说明,尽管自评一般健康是一项反映个体健康状况的重要综合性指标,但是它并不反映健康的所有维度,因而基于自评指标和客观体测指标的健康比较研究其结论并不一定会保持一致。有鉴于此,在相关健康调查中同时收集各个维度的信息,既包括自评健康指标,又包括客观体测结果,对于我们深刻、全面地认识健康问题是必不可少的。

至于自评健康指标回答行为的异质性问题,3个国家均存在明显的关于自评一般健康的切点位移现象。在中国,有证据显示自评一般健康的切点随着被访者的年龄、教育程度和家庭收入的不同而变化;在印度尼西亚,自评一般健康的切点在不同年龄、性别和教育程度的被访者之间存在差异;在墨西哥,个体年龄、性别、教育程度和家庭收入水平都对自评一般健康的切点具有显著影响。不过,通过对比相应结果不难看出,自评一般健康切点位移的方向在3个国家具有一定的一致性,这意味着,即便自评一般健康存在严重的回答偏误,在利用自评一般健康进行国际比较研究时,这些偏误有可能会相互抵消,因而其对研究结果的潜在影响相对有限。当然,由于不同群体之间回答行为异质性问题的存在,在任何情况使用自评一般健康指标进行比较研究都应当非常慎重。这就要求在有关健康的研究中,有必要综合分析各种反映不同健康维度的指标并将其结果加以对比,这将对我们得出有意义的结论非常重要。

从某种意义上说,自评一般健康仍然是反映个体健康状况的最重要的指标之一。虽然不同群体关于自评一般健康的回答模式可能具有系统差别,针对自评一般健康进行的比较研究仍能有效反映不同人群之间在许多方面的健康差异,包括慢性病史、急性病状况、疼痛感以及心理健康状况等。这些健康问题很难通过客观体测指标来反映,而且所谓的客观体测结果同样有可能受到严重的测量误差的干扰(Bound 1991)。考虑到健康本身的多维性,我们不应该期望通过分析某一特定的健康指标就能全面认识健康问题。

需要指出的是,尽管本章所拟合的 HOPIT 模型允许我们检验自评一般健康的切点位移问题,但是这一方法仍存在一定的局限性。如第4.3节所述,其结果严重依赖于对"真实"健康状况的测量,因为它将所有残余的健康差异都归结为回答行为的异质性。但是,在现实中,很难构建一个或一组健康指标以完全反映个体的真实健康状况,对此我们只能通过尽可能广泛、有效的健康指标来近似。在本章的分析中,笔者利用了3个社会调查中所收集的丰富的健康信息来对被访者的"真实"健康状况进行近似,尽管这些健康信息既包括各种自评/自报的健康指标,也包括常见的客观体测结果,但是自评一般健康所反映的信息仍然有可能超出了上述指标所测量的范畴。因此,应当审慎对待本章关于自评健康回答行为的异质性的结论。对此问题的更有效的分析,还有待于我们在研究思路和研究方法上的突破,例如坦顿等人(Tandon el al. 2002)所介绍的运用辅助的固定情境问题来校正自评一般健康的切点位移现象的方法及其未来发展,仍然非常值得期待。

第 5 章 结 语

5.1 本研究的主要发现

本书的主要研究目的是探讨国际间的健康差异,尤其是各国的收入不平等程度对健康的影响。具体地说,本书主要考察了3个问题:第一,在集合层面上,收入不平等与人口健康是否具有显著的关系？第二,如果收入不平等与人口健康存在集合层面的关系,那么这到底是因为收入不平等本身对健康的独立影响造成的,还是它仅仅反映了个体层面上收入对健康的非线性效应,也即相应集合层面的相关关系只不过是一种生态谬误现象？换句话说,在威尔金森假说和绝对收入假说的争论中,到底哪一种解释与经验事实更为一致？第三,本书在分析收入不平等对个体健康的影响时,使用了自评一般健康作为个体健康的测量指标,那么自评一般健康的效度如何？

围绕上述3个问题,本书利用既有的国际调查数据展开了深入分析。其中,第2章利用130个国家的有关统计数据检验了集合层面上收入不平等与人口健康之间的关系。考虑到收入不平等数据的国际可比性问题,本研究提出了一种利用模型进行调整的方法。分析结果显示,各国的收入不平等水平与人口预期寿命具有很强的负相关关系。进一步控制各国的人均GDP、人均公共卫生支出等其他国家特征后,收入不平等与预期寿命的关系依然存在。当对其他与死亡率有关的人口健康指标如婴儿死亡率、存活概率等进行分析时,收入不平等与这些指标之间的负相关关系同样显著。不过,对非死亡性的人口健康指标的分析表明,收入不平等与该类人口健康指标的关系较弱,这些指标包括低出生体重的新生儿比例、营养不良的人口比例等。此外,对发达国家和发展中国家分别进行分析的结果表明,这种收入不平等与人口健康的关系主要发生在发展中国家之间。对于发达国家,收入不平等和人均GDP都不能很好地解释人口预期寿命的国际差异。

第3章对关于收入不平等与人口健康在集合层次上的关系进行解释的两种竞争性理论——即威尔金森假说和绝对收入假说,进行了实证检验。在多层分析框架下,本章利用53个国家的数据检验了收入不平等程度对个体自评一般健康状况的影响,并对包括个体收入水平在内的诸多个体特征变量进行了控制。多层模型的分析结果显示,在控制了一系列个体和国家特征变量后,国家收入不平等程度对个体自评一般健康不具有显著的独立效应。与之相反,个体的自评一般健康更多地受到了绝对收入水平的影响,这既包括个体收入水平,也包括以人均GDP为代表的国家经济发展状况。通过剔除可能的奇异值国家样本以及将分析样本限定为数据更为可比的欧洲国家,本研究对上述结果进行了灵敏度分析。结果表明,多层模型的分析结果非常稳健,并未受到奇异值或数据可比性问题的严重影响。因此,第3章的多层分析对绝对收入假说提供了实证支持,也即在集合层次上观察到的收入不平等与人口健康的负相关关系,可能主要反映了个体层次上收入对健康的非线性效应。换句话说,所分析的数据中没有证据显示国家收入不平等程度对个体健康具有独立的负面影响。

第4章进一步考察了自评一般健康是否能有效反映个体的真实健康状况。这一问题在发达国家已经有了较多的研究,但是对于发展中国家的情况我们仍知之甚少。利用中国、印度尼西亚和墨西哥3个发展中国家的有关调查数据,通过拟合HOPIT模型,第4章对自评一般健康的效度和跨人群可比性进行了分析。模型结果显示,在本研究所考察的3个国家中,个体的自评一般健康与其他自评或自报健康指标——如慢性病史、急性病状况、疼痛感、心理健康等——均具有显著的相关关系,不过自评一般健康与客观体测指标之间的关系却很微弱。这些结果印证了自评一般健康是有效反映个体所感知的健康状况的综合性指标,但是自我感知的健康并不完全等同于客观测量的健康(Murray and Chen 1992;Sen 2002)。此外,本章的分析结果还表明,在考察的3个国家中,自评一般健康的回答行为都存在明显的异质性问题,这在一定程度上影响了自评健康指标的跨人群可比性。尤其是,关于自评健康的回答行为异质性的模式非常复杂,很难通过某种简单的调整办法去校正可能的偏误(Thomas and Frankenberg 2002)。因此,在关于健康的跨人群比较研究中,最好能够同时收集自评健康指标和客观体测指标,通过分析多项指标以检验相关研究结果的一致性。

总之,本书的研究发现,在集合层次上收入不平等与人口健康具有显著的负相关关系。但从本研究对多国居民的个体自评一般健康进行的多层模型分析结果来看,这种集合层面的负相关有可能是一种生态谬误,即它主要反映了个体层次上绝对收入水平与健康的非线性关系,这与威尔金森假说所宣称的收入不平等通过社会心理机制对个体健康造成独立的损害相反。不过,由于本研究只分析了个体的自评一般健康,而自评一般健康并不能够有效反映健康的所有维度,该指标还有可能受到复杂的回答偏误的影响,所以本研究得出的收入不平等对个体健康不具有独立影响的结论是否能外推到其他健康指标的情况,还有待于进一步的研究。

5.2 本研究的问题与不足

5.2.1 理论和方法上的问题

本书通过系统考察收入不平等与人口健康的关系,对威尔金森假说和绝对收入假说进行了实证检验。然而,考虑到问题本身的复杂性,有不少理论和方法问题本研究并未能进行深入探讨。从本质上看,威尔金森假说强调社会分层或相对社会地位对健康的影响,收入不平等只不过是反映社会等级差异的一个指标;相反,绝对收入假说认为健康主要是由绝对的物质条件所决定的,由于财富分配不均所导致的绝对剥夺才是影响健康的关键要素。两种假说的本质区别在于,威尔金森假说突出社会心理机制对理解健康不平等的重要性,而绝对收入假说则强调物质资源对于健康发挥的无可替代的作用。在现实生活中,有可能的情况是,社会心理和物质资源对一个社会的健康不平等现象都具有重要作用。

在既有研究中,未能引起足够重视的一个理论问题是,不同维度的社会不平等之间,包括收入、健康和其他资源在内的不平等(Deaton 2003)的内在关系是怎样的?由于威尔金森假说和绝对收入假说争论的焦点集中在收入不平等对健康的影响,所以大多数研究也主要是针对收入分配状况进行的。无可否认,收入是社会生活中一个非常重要的维度,但是其他方面的不平等,如教育、权利和文化等,与收入不平等有什么样的联系,这一问题目前还很少有研究涉及。这些不同维度的社会不平等之间如何相互交织在一起,以及它们对个体生活质量(包括健康)有什么样的影响,这是社会科学研究需要解答的更为根本性的问题。从这一广阔的视角出发,收入不平等不仅仅是对其他社会现象产生影响的重要原因,它本身也有可能是其他维度的社会不平等的后果。对于社会不平等现象——包括健康不平等——的完整认识,仍有待于我们对各个领域的社会不平等进行深刻的理论探讨和经验总结。

在关于收入不平等对健康影响的研究中以及包括更为一般的关于健康的社会决定因素的研究中,目前存在的一个突出问题是大多数研究关注的结果为个体的一般健康状况,相对而言,较少有专门针对特定健康问题或疾病类型进行的研究。由于健康在本质上是多维的概念,不同健康维度的社会影响因素也可能存在差异(Smith, Gunnell and Ben – Shlomo 2001)。因此,即便是有些研究发现特定社会因素对个体一般健康状况没有影响,也不等同于这些因素不会影响其他某些特定的疾病类型。为了进一步深刻认识社会与健康的关系,有必要从理论和经验中探讨影响特定健康维度的具体的社会因素及其作用机理。例如,威尔金森假说强调社会心理机制的重要性,这可能意味着对相对剥夺感、长期压力以及有关的慢性疾病状况之间的关系进行系统检验更具有重要价值。这种对具体作用机理的研究可以减少不必要的理论争论,也有助于更有针对性地开展社会干预项目。

在国际比较研究中,一个无法回避的方法论问题就是我们很难对研究问题进行有效的统计控制,也即研究结果几乎总会受到一些潜在的混淆变量(confounder)的影响。不同社会之间往往存在非常广泛的差异,而在比较分析中对所有这些差异进行控制往往并不现实。以关于健康的国际比较研究为例,我们很难在特定研究中排除各国在地理、环境、饮食习惯、遗传基因以及许多其他对健康具有重要影响的因素的差异。通过对跟踪数据拟合固定效应模型可以有效控制不随时间变动的变量的影响,但是当研究现象具有明显的时滞效应时,如何有效利用这一统计工具仍是一个有待于深入探讨的问题。另外,当所比较的结果是对主观状态的测度时,如本书中的自评一般健康等,这无疑进一步加大了相应研究的挑战性。一方面,主观状态与个人的物质生活状况息息相关,同时也是个人生活质量的重要组成部分,因而主观状态本身是重要的、值得研究的社会现象;另一方面,由于主观状态的测度具有突出的主观性,如何对不同主体的状态进行有效对比非常复杂。对该问题的深入探讨超出了本书的范畴。在现实中,研究者需要细致评估有关效应及可能的扰动因素的强度大小,并对相应研究结果持审慎的态度。

5.2.2 经验数据的问题

除了理论和方法方面的局限性之外,本书的研究还受限于既有的经验数据,比如样本规模的限制、数据来源不同、核心变量的测度有别以及个体健康指标的缺乏等。

对于任何国际比较研究来说,往往需要用到多个国家的可比的数据资料。然而,许多国家由于缺乏高质量的调查数据和统计资料,现实分析中能够进行对比的国家数量往往比较有限。例如,本书第 3 章对自评一般健康的多层分析中,相应的国家层次的样本量为 53 个。当将分析样本限定为更为可比的欧洲社会调查国家时,相应样本量下降为 24 个。由于数据中的群组数量较少,分析中无法有效拟合一些更为复杂的模型,如包括更多的跨层交互效应或者对某些个体层次变量的回归系数检验其随机效应。有研究指出,在多层模型中,对模型随机部分的精确估计所需要的群组数量往往不能少于 100 个(Hox 2002)。本研究所使用的数据显然并未达到上述要求,这也限定了我们对更多可能需要控制的国家特征变量进行分析。

本研究所面临的另一个现实困难与数据的不同来源有关。在第 2 章,本书已经详细讨论了由于收入定义不同、调查实施不同、数据处理方式不同所导致的收入不平等数据的可比性问题。在本书第 3 章对收入不平等与个体自评一般健康的多层模型分析中,为了保证涵盖尽可能多的国家样本,本研究对欧洲社会调查和世界价值观调查的数据进行了合并。如第 3 章所述,这两个项目在调查设计和实施方面具有很大差别,比如二者所包括的问题不同、对自评一般健康使用了不同的测度选项,以及对家庭收入的提问方式各异。事实上,即便在世界价值观调查的参与国家之间,抽样设计、调查方式以及应答率等方面也存在着较大的差别。这些数据来源的异质性给本研究的实施带来了巨大的挑战,同时也有可能在一定程度上影响相应统计分析的结果。

本书第 4 章强调,健康是一个多维的概念,对社会与健康的关系的深入了解,有必要综合考察各种不同的健康指标,包括相对具体的健康维度或特定疾病类型的指标。受既有数据的限制,在本书的分析中只检验了收入不平等程度与个体自评一般健康的关系。本研究关于收入不平等对个体自评一般健康不具有独立效应的结论,不应该也不能直接外推应用到其他健康测度指标上。与死亡或人均预期寿命等指标不同,健康以及疾病的多维性本身要求我们在健康研究中有必要收集和分析多项不同维度的指标。自评一般健康可能是反映个体感知的健康状况的最综合的指标,并且其在健康研究中具有独有的价值。但是,如本书第 4 章所示,自评一般健康与客观健康体测指标之间的关系非常微弱,我们显然无法直接应用第3章的有关分析结论去外推收入不平等与一些客观健康指标之间的关系。

5.3 关于未来研究的展望

本书系统考察了国际上收入不平等与人口健康之间的关系。在集合层面上,国家收入不平等程度与人口预期寿命等健康指标具有明显的负相关关系;而在个体层面上,当对个体绝对收入水平加以控制后,国家收入不平等程度对个体自评一般健康不具有独立的效应。此外,本书的分析还表明,自评一般健康是关于个体感知的健康状况的有效的综合测度指标,不过,自评一般健康也存在着明显的回答行为的异质性问题,而且其模式非常复杂,在不同国家的表现也不尽相同。

由于既有研究在理论、方法和数据上所存在的局限性,未来关于本领域的研究需要在下列方面进行探索以寻求突破,这对推进关于收入不平等与健康关系的深入认识无疑具有重要意义。

首先,未来研究应当超越既有研究框架的限制,从更广阔的视角来考察不平等与健康的关系,尤其是不同维度的社会不平等之间的内在联系。收入不平等既是导致一定社会问题的原因,同样也是其他社会不平等机制和社会生活作用的结果。对收入不平等与人口健康关系的完整理论解释有必要关注为什么不同社会的收入分配状况存在差异等问题。

其次,有关理论探讨应当细化收入不平等影响人口健康的具体作用机理,从而为进一步的实证研究指明方向。例如,威尔金森假说认为,收入不平等会激化社会矛盾、破坏社会和谐、摧毁社会信任,并由此影响社会成员的健康状况。可是,该理论并没能指出这些社会问题具体会影响健康的哪些维度。未来关于社会因素对具体健康问题或特定疾病类型的影响机理的研究,对推进我们关于健康的认识将起到重要的作用。

再次,高质量、标准化的大型国际调查项目的开展将对未来的国际比较研究起到重要的推动作用。由于各国在调查设计和实施中的差异,既有的大型国际调查项目如世界价值观调查所提供的数据质量及其可比性仍存在不少问题。高质量的、标准化的跨国调查数据是从事任何有意义的国际比较研究的前提和保障。如何在国际调查项目中克服文化差异等障碍,推进标准化的程度,仍有待于调查研究从业者的艰苦努力。而未来关于收入不平等与健康关系的研究无疑将从中受益。

最后,大多关于收入不平等与健康的多层分析主要关注个体的自评一般健康,未来研究有必要进一步考察收入不平等对其他个体健康指标的影响。毫无疑问,自评一般健康是一项反映个体健康状况的重要指标,但是它远远不能代表所有的健康维度。随着越来越多的社会调查开始同时收集自评健康指标和客观体测指标,可以预期这些新的数据将会大大促进我们对健康现象的全面认识,相关研究将为提高人类健康水平,改善人们的生活质量做出应有的贡献。

参考文献

[1] Allison, Paul D. 1978. "Measures of Inequality." American Sociological Review 43: 865 – 880.

[2] Allison, Paul D. 2001. Missing Data. Sage University Papers Series on Quantitative Applications in the Social Sciences. Thousand Oaks, CA: Sage.

[3] Atkinson, A. B and F. Bourguignon. 2000. "Introduction: Income Distribution and Economics." In Handbook of Income Distribution, Volume 1, edited by A. B. Atkionson and F. Bourguignon, pp. 1 – 58. Elsevier Science.

[4] Atkinson, Anthony B., Andrea Brandolini, Paul vander Laan and Timothy Smeeding. 2000. "Producing Time Series Data for Income Distribution: Sources, Methods and Techniques." Paper prepared for the 26th General Conference of the International Association for Research in Income and Wealth, Cracow, Poland.

[5] Atkinson, Anthony B and Andrea Brandolini. "Promise and Pitfalls in the Use of 'Secondary' Data – Sets: Income Inequality in OECD Countries as a Case Study." Journal of Economic Literature 39: 771 – 799.

[6] Ball, Richard and Kateryna Chernova. 2005. "Absolute Income, Relative Income and Happiness." Unpublished Manuscript.

[7] Bailis, Daniel, Alexander Segall and Judith G. Chipperfield. 2003. "Two Views of Self – Rated General Health Status." Social Science & Medicine 56: 203 – 217.

[8] Banks, James, Michael Marmot, Zoe Oldfield and James P. Smith. 2006. "Disease and Disadvantage in the United States and in England." Journal of American Medical Association 17: 2037 – 2045.

[9] Baron – Epel, Orna, Giora Kaplan, Amalia Haviv – Messika, Jalal Tarabeia, Manfred S.

Green and Dorit Nitzan Kaluski. 2005. "Self‑Reported Health as a Cultural Health Determinant in Arab and Jewish Israelis." Social Science & Medicine 61: 1256–1266.

[10] Beckfield, Jason. 2004. "Does Income Inequality Harm Health? New Cross‑National Evidence." Journal of Health and Social Behavior 45: 231–248.

[11] Benjamins, Maureen Reindl, Robert A. Hummer, Isaac W. Eberstein and Charles B. Nam. 2004. "Self‑Reported Health and Adult Mortality Risk: An Analysis of Cause‑Specific Mortality." Social Sciences & Medicine 59: 1297–1306.

[12] Benyamini, Yael and Ellen L. Idler. 1999. "Community Studies Reporting Association between Self‑Rated Health and Mortality." Research on Aging 21: 392–401.

[13] Blakely, Tony A., Bruce P. Kennedy, Roberta Glass and Ichiro Kawachi. 2000. "What Is the Lag Time between Income Inequality and Health Status" Journal of Epidemiology of Community Health 54: 318–319.

[14] Blakely, T., J. Atkinson and D. O'Dea. 2003. "No Association of Income Inequality with Adult Mortality within New Zealand: A Multi‑Level Study of 1.4 Million 25–64 Years Old." Journal of Epidemiology and Community Health 57: 279–284.

[15] Bobak, Martin, Hynek Pikhart, Richard Rose, Clyde Hertzman and Michael Marmot. 2000. "Socioeconomic Factors, Material Inequalities and Perceived Control in Self‑Rated Health: Cross‑sectional Data from Seven Post‑communist Countries." Social Science & Medicine 51: 1343–1350.

[16] Bound, John. 1991. "Self‑Reported Versus Objective Measures of Health in Retirement Models." The Journal of Human Resources 26: 106–138.

[17] Burstrom B and P. Fredlund. 2001. "Self‑Rated Health: Is it as Good a Predictor of Subsequent Mortality among Adults in Lower as well as in Higher Social Classes?" Journal of Epidemiology and Community Health 55: 836–840.

[18] Carlson, Per. 1998. "Self‑Perceived Health in East and West Europe: Another European Health Divide." Social Sciences & Medicine 46: 1355–1366.

[19] Chandola, Tarani and Crispin Jenkinson. 2000. "Validating Self‑Rated Health in Different Ethnic Groups." Ethnicity & Health 5: 151–159.

[20] Chotikapanich, Duangkamon, Rebecca Valenzuela and D. S. Prasada Rao. 1997. "Global

and Regional Inequality in the Distribution of Income: Estimation with Limited and Incomplete Data." Empirical Economics 22: 533 – 546.

[21] Daly, Mary C., Greg J. Duncan, George A. Kaplan and John W. Lynch. 1998. "Macro – to – Micro Links in the Relation between Income Inequality and Mortality." The Milbank Quarterly 76: 315 – 339.

[22] Daly, M., M. Wilson and S. Vasdev. 2001. "Income Inequality and Homicide Rates in Canada and the United States." Canadian Journal of Criminology 43: 219 – 236.

[23] Davies, James and Michael Hoy. 1995. "Making Inequality Comparisons When Lorenz Curves Intersect." The American Economic Review 85: 980 – 986.

[24] Deaton, Augus. 2003. "Health, Inequality and Economic Development." Journal of Economic Literature XLI: 113 – 158.

[25] Deaton, Angus and Darren Lubotsky. 2003. "Mortality, Inequality and Race in American Cities and States." Social Science & Medicine 56: 1139 – 1153.

[26] De Vogli, Roberto, Ritesh Mistry, Roberto Gtnesotto and Giovanni Andrea Cornia. 2005. "Has the Relationship between Income Inequality and Life Expectancy Disappeared? Evidence from Italy and Top Industrialised Countries." Journal of Epidemiology and Community Health 59: 158 – 162.

[27] Etienne, Jean – Michel, Ali Skalli and Ioannis Theodossiou. 2007. "Do Economic Inequalities Harm Health? Evidence from Europe." Center for European Labour Market Research Discussion Paper 2007 – 13.

[28] European Values Study Group and World Values Survey Association. 2005. European and World Values Surveys Integrated Data File, 1999 – 2002, Release I [Computer file]. 2nd ICPSR version. Ann Arbor, MI: Inter – university Consortium for Political and Social Research [distributor].

[29] Feinstein, Jonathan S. 1993. "The Relationship between Socioeconomic Status and Health: A Review of the Literature." The Milbank Quarterly 71: 279 – 322.

[30] Ferraro, Kenneth F and Jessica A. Kelley – Moore. 2001. "Self – Rated Health and Mortality among Black and White Adults: Examining the Dynamic Evaluation Thesis." Journal of Gerontology: Social Sciences 56B: S195 – S205.

[31] Fiscella, Kevin and Peter Franks. 1997. "Poverty or Income Inequality as Predictor of Mortality: Longitudinal Cohort Study." British Medical Journal 314: 1724 – 1727.

[32] Flegg, A. T. 1982. "Inequality of Income, Illiteracy and Medical – Care as Determinants of Infant Mortality in Undeveloped – Countries." Population Studies 36: 441 – 458.

[33] Frankenberg, Elizabeth and Nathan R. Jones. 2004. "Self – Rated Health and Mortality: Does the Relationship Extend to a Low Income Setting?" Journal of Health and Social Behavior 45: 441 – 452.

[34] Goesling, Brian. 2001. "Changing Income Inequalities within and between Nations: New Evidence." American Sociological Review 66: 745 – 761.

[35] Groot, Wim. 2000. "Adaptation and Scale of Reference Bias in Self – Assessments of Quality of Life." Journal of Health Economics 19: 403 – 420.

[36] Gottschalk, Peter and Timothy M. Smeeding. 1997. "Cross – National Comparisons of Earnings and Income Inequality." Journal of Economic Literature 35: 633 – 687.

[37] Gravelle, H. 1998. "How much of the Relationship between Population Mortality and Unequal Distribution of Income Is a Statistical Artifact?" British Medical Journal 316: 382 – 385.

[38] Gravelle, Hugh, John Wildman and Mattew Sutton. 2002. "Income, Income Inequality and Health: What Can We Learn from Aggregate Data?" Social Science & Medicine 54: 577 – 589.

[39] Haller, Max and Markus Hadler. 2006. "How Social Relations and Structures Can Produce Happiness and Unhappiness: An International Comparative Analysis." Social Indicators Research 75: 169 – 216.

[40] Hildebrand, Vincent and Philippe Van Kerm. 2005. "Income Inequality and Self – Rated Health Status: Evidence from the European Community Household Panel." IRISS Working Paper Series: No. 2005 – 01.

[41] House, James S., Karl R. Landis and Debra Umberson. 1988. "Social Relationships and Health." Science 241: 540 – 545.

[42] Hox, Joop. 2002. Multilevel Analysis: Techniques and Applications. Lawrence Erlbaum Associates, Inc.

[43] Hsieh, Ching – Chi and M. D. Pugh. 1993. "Poverty, Income Inequality and Violent Crime:

A Meta – Analysis of Recent Aggregate Data Studies." Criminal Justice Review 18: 182 – 202.

[44] Iburg, Kim Moesgaard, Joshua A. Salomon, Ajay Tandon and Christopher J. L. Murray. 2002. "Cross – Population Comparability of Physician – Assessed and Self – Reported Measures of Health." In: Summary Measures of Population Health: Concepts, Ethics, Measurement and Applications, edited by Christopher J. L. Murray, Joshua A. Salomon, Colin D. Mathers and Alan D. Lopez, pp. 433 – 448. World Health Organization: Geneva.

[45] Idler, Ellen L and Yael Benyamini. 1997. "Self – rated health and mortality: a review of twenty – seven community studies." Journal of Health and Social Behavior 38: 21 – 37.

[46] Jones andrew M., Nigel Rice, Teresa Bago d'Uva and Silvia Balia. 2007. Applied Health Economics. Routledge: London and New York.

[47] Jürges, Hedrik. 2007. "True Health vs. Response Styles: Exploring Cross – Country Differences in Self – Reported Health." Health Economics 16: 163 – 178.

[48] Jylha, M., J. M. Guralnik, L. Ferrucci, J. Jokela and E. Heikkinen. 1998. "Is Self – Rated Health Comparable across Cultures and Genders?" Journal of Gerontology Series B: Psychological Sciences and Social Sciences 53: S144 – S152.

[49] Kaplan, G. A., E. R. Pamuk, J. W. Lynch, R. D. Cohen and J. L. Balfour. 1996. "Inequality in Income and Mortality in the United States: Analysis of Mortality and Potential Pathways." British Medical Journal 312: 999 – 1003.

[50] Kawachi, I and B. P. Kennedy. 1997. "The Relationship of Income Inequality to Mortality: Does the Choice of Indicator Matter?" Social Science and Medicine 45: 1121 – 1127.

[51] Kawachi, Ichiro and Bruce P. Kennedy. 1997. "Socioeconomic Determinants of Health: Health and Social Cohesion: Why Care about Income Inequality?" British Medical Journal 314: 1037 – 1040.

[52] Kawachi, Ichiro and Bruce P. Kennedy. 1999. "Income Inequality and Health: Pathways and Mechanisms." Health Services Research 34: 215 – 227.

[53] Kennedy, B. P., I. Kawachi and D. Prothrow – Stith. 1996. "Income Distribution and Mortality: Cross Sectional Ecological Study of the Robin Hood Index in the United States." British Medical Journal 312: 1004 – 1007.

［54］Kennedy, Bruce, Ichiro Kawachi, Roberta Glass and Deborah Prothrow – Stith. 1998. "Income Distribution, Socioeconomic Status and Self – Rated Health in the United States: Multilevel Analysis." British Medical Journal 317: 917 – 921.

［55］King, Gary, Christopher J. L. Murray, Joshua A. Salomon and Ajay Tandon. 2004. "Enhancing the Validity and Cross – Cultural Comparability of Measurement in Survey Research." American Political Science Review 98: 191 – 207.

［56］Korzeniewicz, Roberto Patricio and Timothy Patrick Moran. 1997. "World – Economic Trends in the Distribution of Income, 1965 – 1992." The American Journal of Sociology 102: 1000 – 1039.

［57］Krause, Neal M and Gina M. Jay. 1994. "What Do Global Self – Rated Health Items Measure?" Medical Care 32: 930 – 942.

［58］Kristenson, M., H. R. Eriksen, J. K. Sluiter, D. Starke and H. Ursin. 2004. "Psychobiological Mechanisms of Socioeconomic Differences in Health." Social Science & Medicine 58: 1511 – 1522.

［59］Larrea, Carlos and Ichiro Kawachi. "Does Economic Inequality Affect Child Malnutrition? The Case of Ecuador." Social Science & Medicine 60: 165 – 178.

［60］Li, Hongbin and Yi Zhu. 2004. "Income, Income Inequality and Health: Evidence from China." Unpublished Manuscript.

［61］Li, Hongyi, Lyn Squire and Heng – fu Zou. 1998. "Explaining International and Intertemporal Variations in Income Inequality." The Economic Journal 108: 26 – 43.

［62］Lindeboom, Maarten and Eddy van Doorslaer. 2004. "Cut – Point Shift and Index Shift in Self – Reported Health." Journal of Health Economics 23: 1083 – 1099.

［63］Lopez, Russ. 2004. "Income Inequality and Self – Reported Health in US Metropolitan Areas: A Multilevel Analysis." Social Science & Medicine 59: 2409 – 2419.

［64］Lynch, John W, George Davey Smith, George A Kaplan and James S. House. 2000. "Income Inequality and Mortality: Importance to Health of Individual Income, Psychosocial Environment, or Material Conditions." British Medical Journal 320: 1200 – 1204.

［65］Lynch, John, George Davey Smith, Marianne Hillemeier, Mary Shaw, Trivellore Raghunathan, George Kaplan. 2001. "Income Inequality, the Psychosocial Environment and

Health: Comparisons of Wealthy Nations. " Lancet 358: 194 – 200.

[66] Lynch, John, George Davey Smith, Sam Harper, Marianne Hillemeier, Nancy Ross, George A. Kaplan and Michael Wolfson. 2004. "Is Income Inequality a Determinant of Population Health? Part 1. A Systematic Review. " The Milbank Quarterly 82: 5 – 99.

[67] Macinko, James A. , Leiyu Shi, Barbara Starfield and John T. Wulu. 2003. "Income Inequality and Health: A Critical Review of the Literature. " Medical Care Research and Review 60: 407 – 452.

[68] Manor, Orly, Sharon Matthews and Chris Power. 2000. "Dichotomous or Categorical Response? Analysing Self – Rated Health and Lifetime Social Class. " International Journal of Epidemiology 29: 149 – 157.

[69] Marmot, Michael G. . 2003. "Understanding Social Inequalities in Health. " Perspectives in Biology and Medicine 46: S9 – S23.

[70] Marmot, M. G. , H. Bosma, H. Hemingway, E. Brunner and S. Stansfeld. 1997. "Contribution of Job Control and Other Risk Factors to Social Variations in Coronary Heart Disease Incidence. " Lancet 350: 235 – 239.

[71] Marmot, Michael and Richard G Wilkinson. 2001. "Psychosocial and Material Pathways in the Relation between Income and Health: A Response to Lynch et al. " British Medical Journal 322: 1233 – 1236.

[72] Mathers, Colin D. 2003. "Commentary: Towards Valid and Comparable Measurement of Population Health. " Bulletin of the World Health Organization 81: 787 – 788.

[73] Mcleod, Christopher B. , John N. Lavis, Cameron A. Mustard and Greg L. Stoddart. 2003. "Income Inequality, Household Income and Health Status in Canada: A Prospective Cohort Study. " American Journal of Public Health 93: 1287 – 1293.

[74] Mellor, Jennifer M and Jeffrey Milyo. 2001. "Reexamining the Evidence of an Ecological Association between Income Inequality and Health. " Journal of Health Politics, Policy and Law 26: 487 – 522.

[75] Mellor, Jennifer M and Jeffrey Milyo. 2002. "Income Inequality and Health Status in the United States: Evidence from the Current Population Survey. " The Journal of Human Resources 37: 510 – 539.

[76] Miilunpalo, Seppo, Ilkka Vuori, Pekka Oja, Matti Pasanen and Helka Urponen. 1997. "Self-Rated Health Status as a Health Measure: The Predictive Value of Self-Reported Health Status on the Use of Physician Services and on Mortality in the Working-Age Population," Journal of Clinical Epidemiology 50: 517-528.

[77] Mulatu, Mesfin Samuel and Carmi Schooler. 2002. "Causal Connections between Socio-Economic Status and Health: Reciprocal Effects and Mediating Mechanisms." Journal of Health and Social Behavior 43: 22-41.

[78] Murray, Christopher J. L and Lincoln C. Chen. 1992. "Understanding Morbidity Change." Population and Development Review 18: 481-503.

[79] Murray, Christopher J. L., Ajay Tandon, Joshua A. Salomon, Colin D. Mathers and Ritu Sadana. 2002. "New Approaches to Enhance Cross-Population Comparability of Survey Results." In: Summary Measures of Population Health: Concepts, Ethics, Measurement and Applications, edited by Christopher J. L. Murray, Joshua A. Salomon, Colin D. Mathers and Alan D. Lopez, pp. 421-431. World Health Organization: Geneva.

[80] Osler, Merete, Ulla Christensen, Pernille Due, Rikke Lund, Ingelise Andersen and Finn Diderichsen. 2003. "Income Inequality and Ischaemic Heart Disease in Danish Men and Women." International Journal of Epidemiology 32: 375-380.

[81] Pampel, Fred C. 2002. "Inequality, Diffusion and the Status Gradient in Smoking." Social Problems 49: 35-57.

[82] Paul, Christopher, Daniel McCaffrey, William M. Mason and Sarah A. Fox. 2003. "What Should We Do about Missing Data? (A Case Study Using Logistic Regression with Missing Data on a Single Covariate)." Unpublished Manuscript.

[83] Pickett, K. E and M. Pearl. 2001. "Multilevel Analysis of Neighborhood Socioeconomic Context and Health Outcomes: A Critical Review." Journal of Epidemiology and Community Health 55: 111-122.

[84] Preston, Samuel H. 1975. "The Changing Relation between Mortality and Level of Economic Development." Population Studies 29: 231-248.

[85] Ram, Rati. 2005. "Income Inequality, Poverty and Population Health: Evidence from Recent Data for the United States." Social Science & Medicine 61: 2568-2576.

[86] Robert, Stephanie A and James S. House. 2000. "Socioeconomic Inequalities in Health: Integrating Individual -, Community - and Societal - Level Theory and Research." In Handbook of Social Studies in Health and Medicine, edited by Gary L. Albrecht, Ray Fitzpatrick and Susan C. Scrimshaw, pp. 115 - 135. London: Thousand Oaks, California: Sage.

[87] Robinson, W. S. 1950. "Ecological Correlations and the Behavior of Individuals." American Sociological Review 15: 351 - 357.

[88] Rodgers, G. B. 1979. "Income and Inequality as Determinants of Mortality: An International Cross - section Analysis." Population Studies 33: 343 - 351.

[89] Ross, Nancy A., Michael C. Wolfson, James R. Dunn, Jean - Marie Berthelot, George A. Kaplan and John W. Lynch. 2000. "Relation between Income Inequality and Mortality in Canada and in the United States: Cross Sectional Assessment Using Census Data and Vital Statistics." British Medical Journal 320: 898 - 902.

[90] Rubalcava, Luis and Graciela Teruel. 2006. User's Guide for the Mexican Family Life Survey First Wave. www.mxfls.uia.mx.

[91] Sadana, Ritu, Colin D. Mathers, Alan D. Lopez, Christopher J. L. Murray and Kim Moesgarrd Iburg. 2002. "Comparative Analysis of More Than 50 Household Surveys on Health Status." In: Summary Measures of Population Health: Concepts, Ethics, Measurement and Applications, edited by Christopher J. L. Murray, Joshua A. Salomon, Colin D. Mathers and Alan D. Lopez, pp. 370 - 386. World Health Organization: Geneva.

[92] Salomon, Joshua A., Ajay Tandon and Christopher JL Murray. 2004. "Comparability of Self - Rated Health: Cross - Sectional Multi - Country Survey Using Anchoring Vignettes." British Medical Journal, doi:10.1136/bmj.37963.691632.44.

[93] Sapolsky, Robert M. 2005. "The Influence of Social Hierarchy on Primate Health." Science 308: 648 - 652.

[94] Schnall, Peter L., Paul A. Landsbergis and Dean Baker. 1994. "Job Strain and Cardiovascular Disease." Annual Review of Public Health 15: 381 - 411.

[95] Sen, Amartya. 2001. "Economic Progress and Health." In: Poverty, Inequality and Health: An International Perspective, edited by David Leon and Gill Walt, pp. 333 - 345. Oxford University Press.

[96] Sen, Amartya. 2002. "Health: Perception versus Observation." British Medical Journal 324: 860 – 861.

[97] Shibuya, Kenji, Hideki Hashimoto and Eiji Yano. 2002. "Individual Income, Income Distribution and Self – Rated Health in Japan: Cross Sectional Analysis of Nationally Representative Sample." British Medical Journal 324: 16 – 19.

[98] Shmueli, Amir. 2003. "Socio – Economic and Demographic Variation in Health and in its Measures: The Issue of Reporting Heterogeneity." Social Science & Medicine 57: 125 – 134.

[99] Siegrist, Johannes. 2000. "The Social Causation of Health and Illness." In Handbook of Social Studies in Health and Medicine, edited by Gary L. Albrecht, Ray Fitzpatrick and Susan C. Scrimshaw, pp. 100 – 114. London; Thousand Oaks, California: Sage.

[100] Smith, George Davey, David Gunnell and Yoav Ben – Shlomo. 2001. "Life – Course Approaches to Socio – Economic Differentials in Cause – Specific Adult Mortality." In: Poverty, Inequality and Health: An International Perspective, edited by David Leon and Gill Walt, pp. 88 – 124. Oxford University Press.

[101] Smith, James P. 1998. "Socioeconomic Status and Health." The American Economic Review 88: 192 – 196.

[102] Smith, James P. 2004. "Unraveling the SES: Health Connection." Population and Development Review 30: 108 – 132.

[103] Smith, James P and Raynard Kington. 1997. "Demographic and Economic Correlates of Health in Old Age." Demography 34: 159 – 70.

[104] Stevenson, Betsey and Justin Wolfers. 2008. "Economic Growth and Subjective Well – Being: Reassessing the Easterlin Paradox." Unpublished Manuscript.

[105] Strauss, J., K. Beegle, B. Sikoki, A. Dwiyanto, Y. Herawati and F. Witoelar. 2004. The Third Wave of the Indonesia Family Life Survey (IFLS3): Overview and Field Report. WR – 144/1 – NIA/NICHD.

[106] Subramanian, S V, I Delgado, L Jadue, J Vega and I Kawachi. 2003. "Income Inequality and Health: Multilevel Analysis of Chilean Communities." Journal of Epidemiology and Community Health 57: 844 – 888.

[107] Subramanian, S. V and Ichiro Kawachi. 2003. "The Association between State Income Ine-

quality and Worse Health Is Not Confounded by Race." International Journal of Epidemiology 32: 1022 – 1028.

[108] Subramanian S. V and Ichiro Kawachi. 2004. "Income Inequality and Health: What We Have Learned So Far?" Epidemiologic Reviews 26: 78 – 91.

[109] Tandon, A., C. J. L. Murray, J. A. Salomon and G. King. 2002. "Statistical Models for Enhancing Cross – Population Comparability." Global Programme on Evidence for Health Policy Discussion Paper No. 42.

[110] Thomas, Duncan and Elizabeth Frankenberg. 2002. "The Measurement and Interpretation of Health in Social Surveys." In: Summary Measures of Population Health: Concepts, Ethics, Measurement and Applications, edited by Christopher J. L. Murray, Joshua A. Salomon, Colin D. Mathers and Alan D. Lopez, pp. 387 – 420. World Health Organization: Geneva.

[111] Torsheim, Torbjorn, Candace Currie, Will Boyce and Oddrun Samdal. 2006. "Country Material Distribution and Adolescents' Perceived Health: Multilevel Study of Adolescents in 27 Countries." Journal of Epidemiology and Community Health 60: 156 – 161.

[112] United Nations. 2005. Human Development Report 2005: International Cooperation at a Crossroads Aid, Trade and Security in an Unequal World. New York.

[113] Van Doorslaer, Eddy and Ulf – G. Gerdtham. 2003. "Does Inequality in Self – Assessed Health Predict Inequality in Survival by Income? Evidence form Swedish Data." Social Science & Medicine 57: 1621 – 1629.

[114] Wagstaff, Adam and Eddy van Doorslaer. 2000. "Income Inequality and Health: What Does the Literature Tell Us?" Annual Review of Public Health 21: 543 – 567.

[115] Waldman, R. J. 1992. "Income – Distribution and Infant Mortality." Quarterly Journal of Economics 107: 1283 – 1302.

[116] Weich, S., G. Lewis and S. P. Jenkins. "Income Inequality and Self – Rated Health in Britain." Journal of Epidemiology and Community Health 56: 436 – 441.

[117] Wilkinson, Richard G. 1992. "Income Distribution and Life Expectancy." British Medical Journal 304: 165 – 168.

[118] Wilkinson, Richard G. 1996. Unhealthy Societies: The Afflictions of Inequality. London: Routledge.

[119] Wilkinson, Richard G. 1997. "Socioeconomic Determinants of Health. Health Inequalities: Relative or Absolute Material Standards." British Medical Journal 314: 591 – 595.

[120] Wilkinson, Richard G. 2005. The Impact of Inequality: How to Make Sick Societies Healthier. New York: The New Press.

[121] Wilkinson, Richard G. 2006. "The Impact of Inequality." Social Research 73: 711 – 732.

[122] Wilkinson, Richard G and Kate E. Pickett. 2006. "Income Inequality and Population Health: A Review and Explanation of the Evidence." Social Science & Medicine 62: 1768 – 1784.

[123] Williams, Richard. 2006. "Generalized Ordered Logit/ Partial Proportional Odds Models for Ordinal Dependent Variables." The Stata Journal 6:58 – 82.

[124] Wolfson, Michael, George Kaplan, John Lynch, Nancy Ross and Eric Backlund. 1999. "Relation between Income Inequality and Mortality: Empirical Demonstration." British Medical Journal 319: 953 – 957.

[125] Wong, George Y and William M. Mason. 1991. "Contextually Specific Effects and Other Generalizations of the Hierarchical Linear Model for Comparative Analysis." Journal of the American Statistical Association 86: 487 – 503.

[126] World Income Inequality Database V 2.0b and User Guide. Released in May 2007. Available at http://www.wider.unu.edu/wiid/wiid.htm.

[127] Zimmer, Zachary, Josefina Natividad, Hui – Sheng Lin and Napaorn Chayovan. 2000. "A Cross – National Examination of the Determinants of Self – Assessed Health." Journal of Health and Social Behavior 41: 465 – 481.

[128] Zimmerman, Frederick J and Janice F. Bell. 2006. "Income Inequality and Physical and Mental Health: Testing Associations Consistent with Proposed Causal Pathways." Journal of Epidemiology and Community Health 60: 513 – 521.

后 记

本书的内容主要取材于我在美国求学时的博士论文。尽管书中的分析大多是在四年前完成的,不过在我国贫富差距日益拉大、收入分配问题备受关注的今天,该书的出版也算是恰逢其时。

时过四年,回头重新审视当时的博士论文,难免发现过去的稚嫩和不成熟之处。再加上,在这四年期间,也已经有不少新的数据资料发布。因此,在准备本书书稿的过程中,我曾长时间纠结于到底应该忠于我博士论文的原貌,还是做大范围的改动甚至另起炉灶。反复斟酌之下,尤其是囿于时间的限制,我还是决定尽可能原汁原味地呈现我的博士论文,只对其中一些细小的错误进行了勘定。读者从中不难发现,我在创作博士论文的过程中对于数据质量、处理方法以及结果解读等方面的所面临的困境与挣扎,这或许对那些正致力于社会科学研究的莘莘学子能有所借鉴吧。

在本书出版之际,我特别要感谢我的导师——美国加州大学洛杉矶分校的威廉·梅森(William M. Mason)教授。他的博学、睿智,尤其是对真理的无尽追求和不屈精神,将成为激励我在学术生涯中不断前进、超越自我的动力之源。在撰写博士论文的大约两年左右的时间里,我与导师保持了每周一次的例会,期间也提出我在研究中遇到的各种疑惑和问题,每次都能从导师那里得到完满的解答和无尽的启示。在这期间我所得到的收获不是任何几门课程或培训中所能获得的。当然,离开这无数次与导师的讨论,本书的内容也极有可能无法完成。

另外,我的答辩委员会成员唐纳德·特雷曼(Donald J. Treiman)教授、康文林(Cameron Campbell)教授以及托马斯·伯林(Thomas Belin)教授都对我博士论文的写作提出了许多有益建议,在此一并致谢。

我的爱人牛建林博士一直是我生活和学习中的良师益友。她照例通读了本书的全部书稿,指出了文中所存在的错漏和不通之处,并对文字进行了润色。

最后,特别感谢本书的责任编辑赵军老师。从我将书稿交付出版社到本书正式出版,期间只花了大约两个月的时间。没有赵老师的辛勤工作和大力支持,这是难以想象的。

齐亚强

北京

2012 年 6 月